suhrkamp taschenbuch 4281

So sicher wie das Amen in der Kirche kommt er, der 24. Dezember. Der »Heilige Abend«. Ist er zu heilig, um ihn in Gesellschaft zu verbringen? Begeht man ihn also lieber allein als in Gesellschaft? Oder fährt man »nach Hause« und setzt sich dem Diktat der böhmischen Großmutter aus, die schwer atmend am Herd mit Pfannen hantiert und alle, die ihr helfen wollen, wütend ins Wohnzimmer zurückkläfft? Für die einen ist der 24. Dezember das große Familienereignis, geprägt von gelebten Traditionen und fröhlichen Ritualen. Für die anderen ein Tag voll sinnentleertem Tun und Familienterror. Für die nächsten ein Schauspiel der Natur. Wir haben Autorinnen und Autoren eingeladen, »ihren« 24. Dezember zu schildern, und wunderbare Erzählungen erhalten, die in diesem Band zum ersten Mal erscheinen. Von Reinhold Batberger, Oswald Egger, Urs Faes, Anna Katharina Hahn, Sibylle Lewitscharoff, Andreas Maier, Marion Poschmann, Doron Rabinovici, Clemens J. Setz und vielen anderen.

Der 24. Dezember

Neue Weihnachtsgeschichten

Herausgegeben von
Susanne Gretter

*

*

*

Suhrkamp

suhrkamp taschenbuch 4281
Originalausgabe
Erste Auflage 2011

Quellennachweise am Schluss des Bandes
Druck: Druckhaus Nomos, Sinzheim
Printed in Germany
Umschlag: Göllner, Michels, Zegarzewski
ISBN 978-3-518-46281-2

1 2 3 4 5 6 – 16 15 14 13 12 11

Der 24. Dezember

*

*

Inhalt

*
Param papapam

*

*

*

*

*

Sibylle Lewitscharoff
Flocken

Es begab sich im Jahr 2011 in der breiten und weiten Stadt B. Peter, ein ehemaliger Student der Theaterwissenschaften, hatte den Einfall gehabt, für den Weihnachtsabend die Eislaufbahn zu mieten; exklusiv für ein Grüppchen, seine Freunde von ehedem, mit denen er zusammen studiert hatte. Viel Wasser war seither den Jordan hinuntergeflossen. Das Grüppchen hatte einst in wechselnden Gemeinschaften zusammengelebt und sich dann in alle Winde zerstreut. Die Winde hatten sie nicht allzusehr voneinander entfernt, aber in der weiten und breiten Stadt B. war es möglich, sich jahrelang nicht über den Weg zu laufen.
Was aus ihnen geworden war? Keiner von ihnen hatte am Theater Fuß fassen können – bis auf Matthes, der sich in der Nähe des Theaters hielt, indem er antike Stücke übersetzte, womit er sich unter Kennern einen Namen gemacht hatte. Peter, Herr der Eislaufbahn für eine Nacht, besaß einen Fahrradladen für anspruchsvolle Kunden, in dem seine zwei Angestellten hypermoderne Unikate zusammenbastelten, das Stück selten unter fünftausend Euro. Thomas, dem sein Spitzname von früher immer noch anhing, Tops also, der etwas kurz geratene Tops, war nach langen Wegen und Irrwegen Heilpraktiker geworden und hatte es zu einer eigenen Praxis gebracht. Er war der erste, der mit einem Paar altmodischer Schlittschuhe aufkreuz-

te, vorschriftsmäßig winterlich gekleidet mit wattiertem Anorak und Pudelmütze, was ihn nach einem fröhlichen Zwerglein aus einem Vorgarten aussehen ließ.

So gegen zehn waren alle eingetrudelt, sogar der *Vogelobre*, von dem allseits erwartet worden war, daß er auf keinen Fall käme. Der Vogelobre hatte noch immer sein schwarzes Imponierhaar, das ihm wie Rabenfedern vom schmalen Kopf abstand. Er war schlank und drahtig, ein Mann, der mehrfach den Lockungen der Geschwindigkeit erlegen war, sehr zu seinem Unglück. Sein abenteuerlustiger Trieb war in Form von Motorradunfällen jäh an Grenzen gestoßen, Trieb, der zu seinem sonstigen Leben, einem klassischen Stubenhockerleben, wenig paßte. Er war Privatier, hatte eine einträgliche Erbschaft gemacht, über die er sich aus Geiz eisern ausschwieg. Man munkelte, er schreibe an einem inzwischen auf dreitausend Seiten angeschwollenen Werk über das Theaterleben seit Äschylos. Niemand wußte etwas Genaues. Sprach man ihn darauf an, wurde er mürrisch, wedelte mit den Händen und murmelte Unverständliches. Erwischte man den Vogelobre in einem glücklichen Moment, sprühte sein Geist, er zitierte Gedichtzeilen wie im Flug, war zu Späßen aufgelegt, aber solche Momente waren mit den Jahren selten geworden; nur Peter hatte Kontakt zu ihm gehalten, wenn auch einen lockeren.

Kurioserweise war ausgerechnet der Vogelobre von der Idee, Weihnachten auf der Eisbahn zu verbringen, so begeistert gewesen, daß er sogar Matthes anschleppte, der keinesfalls hatte kommen wollen: weil er unsportlich war, und weil er seit Jahrzehnten vergraben in seinem Dreikatzenhaushalt lebte. Matthes war menschenscheu. Er verließ das Haus nur, um Lebensmittel einzukaufen oder bei seinen Antiquariaten vorbeizuschauen. Der Vogelobre hatte den widerstrebenden Matthes mit dem Motorrad abgeholt, ihn auf den Beifahrersitz genötigt, von irgendwoher sogar ein Paar Schlittschuhe für ihn aufgetrieben.

Wer hockte denn da drüben auf der Bank? Matthes und der Vogelobre wußten im ersten Augenblick nicht, wer sich da so umständlich über die eigenen Fettwülste hinweg bückte, um die Schuhe zu wechseln. Himmel hilf! Katharina! Tatsache, es war Katharina, eigentlich eine falsche Katharina, sie hatte sich den Namen zugelegt, weil der Taufname Magda ihr zuwider gewesen war.

Wie die Frau von Goebbels hatte sie nicht länger heißen wollen. Matthes und der Vogelobre erkannten sie daran, wie sie aus verquollenem Gesicht zu ihnen her sah. Aus der feingliedrigen Katharina mit dem langen goldenen Haar, die alle verehrt hatten und mit der so ziemlich alle Männer im Bett gewesen waren, mit Ausnahme von Matthes, war eine unförmige Walze geworden, mit praktischer Kurzhaarfrisur. Bis vor zwei Jahren war sie Lehrerin an einer Waldorfschule gewesen, danach vorzeitig in Rente gegangen.

Auch Sissi hatte mit dem Theater nichts mehr zu tun. Sie verkaufte afrikanische Skulpturen in einer kleinen Galerie, schmale, schlanke Figuren aus abgegriffenem dunklem Holz, ihre Arme nach hinten gebogen und in die falsche Richtung geknickt. Johann fuhr Taxi. Jacob hatte einen Teeladen. Andi war Reiseleiter, führte Rentnergruppen zu den antiken Stätten und nach Palästina. Philipp war der einzige von ihnen, der eine Softwarefirma gegründet hatte und damit gutes Geld verdiente. Simon verbrachte seine Nächte für gewöhnlich als Seelsorger am Telefon, mit Leuten, die stotterten, stammelten oder in Schwallen redeten und nicht mehr zu stoppen waren. Am Weihnachtsabend dienstfrei zu haben, sich all das elende Geschluchze und Gedruckse einmal nicht anhören zu müssen, empfand er als Wohltat. Glucksend vor Heiterkeit, hatte er Peter zugesagt, sich in kindlicher Vorfreude sogar nagelneue Schlittschuhe extra für die Nacht gekauft.

Die Eisbahn war leer, das Eis ordentlich gepflegt, oben in der neonbeleuchteten Kabine saß ein Angestellter, regulierte das Licht und starrte auf eine Liste, auf der Peter unter fortlaufender Numerierung die Songs verzeichnet hatte, mit denen der Recorder hintereinander gefüttert werden mußte. Es gab Glühwein und Fischbrötchen.

Der Vogelobre betrat als erster das Eis, fuhr drauflos, als wäre er sechzehn und müßte seinen Jugendschwarm beeindrucken. In der Mitte der Bahn geriet er ins Stolpern, fing sich aber und kurvte weiter herum, ein Flattermann in engen Hosen, mit wehendem Schal und gesträubtem Haar. Matthes klammerte sich mit einer Hand am Rand der hölzernen Balustrade fest, mit der anderen strich er sich nervös über den langen Bart.

Tops, der lustige Tops, stiefelte mehr, als daß er glitt, aufs Eis, fiel hin, rappelte sich sofort wieder auf und versuchte, dem langbeinigen Vogelobre hinterherzufahren, der inzwischen in geübten, langzügigen Schleifen seine Spuren ins Eis fuhr.

Aus dem Lautsprecher ertönte *Rüdiger*, das melancholische Lied von Mark Knopfler über einen Fan, der immerzu auf den Star wartete, auch im strömenden Regen tropfnaß auf seinem Posten blieb, wartete und wartete und wartete. Ein Lied, so traurig und schön, wie ein kleines, tapferes, trauriges Leben sein konnte, wenn man ihm mit weicher Stimme und schmiegsamen Tönen eine edle Grablege stiftete.

Ihrer Fülle zum Trotz, bewegte sich Katharina erstaunlich leicht auf dem Eis. Sie mußte eine gute Schlittschuhläuferin gewesen sein, ja, sie bewegte sich mit einer Anmut, in der die Männer ihre altvertraute Katharinawieder erkannten, die sie einst begehrt hatten.

Anna und Marie waren zu spät gekommen. Zusammen und zu spät wie eh und je, dachte Peter, sie waren früher schon verbündet gewesen, hatten alles gemeinsam besprochen und beflüstert und belächelt. Anna erschien in einem fast am Boden schleppenden grauen Wollmantel, sie war lang gewachsen und trug das Haar hochgesteckt, jetzt war es unter einer hohen Fellmütze verborgen. Auch Marie war ihrem Stil treu geblieben, sie bevorzugte immer noch die lichten, hellen Kleider von damals, heute einen weißen Webpelz mit schwarzen Kragenspitzen, der unter dem Flutlicht leuchtete, als wär's ein Hermelin. Inzwischen war ihr Haar allerdings grau. Die beiden Frauen setzten die Füße fast synchron aufs Eis; im Gleichmaß fuhren sie nebeneinander her, ohne sich zu berühren.

Die Kameraden von ehedem waren sich nicht gleich so ungezwungen in die Arme gefallen, wie Peter es erhofft hatte. In ihren Gesichtern, an ihren Leibern hatten sie wechselweise den Friedhof ihrer Niederlagen erkannt, was den Elan des Wiedersehens gebremst hatte. Andi hatte keine Haare mehr. Philipp nur noch einen schütteren Kranz.

Gottlob waren erst einmal alle damit befaßt, sich Schlittschuhe anzuziehen, das half. Und die ersten wackeligen Schritte auf dem Eis hatten noch mehr geholfen. Bis mit Hilfe des Glühweins der Übermut gesiegt hatte und alle auf dem Eis waren, sogar der übervorsichtige Matthes, der lange nicht von seinem Bart und der Balustrade hatte lassen wollen.

Simon fuhr einen konzentrierten Bogen, frei von den Sorgen, mit denen ihn seine unglücklichen Anrufer Nacht für Nacht beluden. Das Lied vom armen Rüdiger summte er so falsch wie fröhlich mit, weil es zu seinen Lieblingsliedern zählte. Sissi schnitt ihm den Weg ab, so daß er um ein Haar gestürzt wäre. Sie war noch immer dieses von tausend überschüssigen Trieben umhergeworfene Geschöpf mit dem fahrig überschminkten Mund; Mund, der wie eine kußfressende Fleischblume im Gesicht prangte. Sie war schon während des Studiums zu nervös gewesen, um eine Vorlesung lang still auf ihrem Platz zu verharren. Sissi fuhr ein mutwilliges Zickzackmuster ins Eis und kreuzte vor den anderen Läufern, immer knapp auf Kollisionskurs.

Inzwischen ertönte ein Weihnachtslied von Bob Dylan. *Do you hear what I hear?* Matthes, ein Dylanologe der puristischen Sorte, wollte es nicht hören und protestierte mit erhobener Faust, wobei er das Gleichgewicht verlor und aufs Eis plumpste. Johann und Jacob stellten den zitternden Mann wieder auf die Beine und setzten ihm die Brille auf. Als Dylan in seiner rauhfeinen Verflüsterung das Lied vom kleinen Weihnachtstrommler anstimmte, fing es an zu schneien, *param papapam*, große Flocken, linde Flocken fielen vom Himmel, weiß und sanft und leis. *Param papapam*, allmählich verebbte Dylans Stimme, und es fielen immer mehr Flocken, weiß und sanft und leis, und man hörte das metallene Sicheln der Schuhe und das Geräusch von aufstäubendem Eisschorf.

Als wollten die Flocken sich selbst zu hören geben, ertönte ein zartes und helles Klingklang – die in ihren Kristallmustern geborgenen Stimmchen schienen sich zu lösen und diese überaus feinen und zarten Töne hervorzubringen, während die Eisläufer ihre Gesichter aufhoben und dem Himmel zuwandten, aus dem die Flocken in immer dichteren Reihen fielen; alles Schwere schwand aus ihren Beinen, auch die, die bisher plump und wackelig dahergestolpert waren, glitten nun leicht und elegant dahin, der Vogelobre fuhr urplötzlich rückwärts genauso gekonnt, wie er bisher vorwärts gefahren war, selbst Matthes, der dickliche, unbehülfliche Matthes, kurvte in langen, weit ausholenden Zügen im Kreis herum, das linke

Bein nach hinten in die Höhe gehoben, den Rumpf gebeugt, die Hände wie ein seltsamer Flieger nach außen abgewinkelt, Marie breitete ihre weißen Pelzarme aus, auch Philipp und Andi hatten die Arme erhoben, vor Sissis Manövern brauchte sich niemand mehr zu fürchten; Schneekristalle tupften an ihre Gesichter, Kristalle, die sich zu vergrößern schienen, während sie an ihren Augen vorbeisanken und dabei ihren symmetrischen Bau bis in jede Einzelheit enthüllten. Der Kosmos zeigte sich in seinem schönsten Ornat, seiner wohlgegliederten Schmuckordnung, und ihre Schleifen ziehenden Körper und Seelen hatten Anteil an der Anmut dieser Ordnung.

Der Schnee weckte alte Erinnerungen an jenes außergewöhnliche Theaterereignis, dessen Zeugen sie vor Jahrzehnten gewesen waren. In Fellsäcke gehüllt, hatten sie beieinandergehockt, in einem schmalen Zwikkel des großen leeren Stadions, und auf wehende Tücher und Grabkreuze gesehen, hatten beim Anblick der warm erleuchteten Imbißbude vor der Ruinenkulisse des Anhalter Bahnhofs zum Wodka gegriffen, hatten die fernen, überpräzisen Stimmen gehört, wie sie auf *Winterreise* gingen und das deutsche Elend besangen, wo lauter einsame kristalline Wörter aus dem Himmel herabfielen, die mit kalten Fingern nach ihren Herzen griffen, während Schneeflocken sich auf ihre Fellsäcke setzten und blinkende Flugzeuge lautlos über ihre Köpfe hinwegflogen.

Bis zu fünfzig Zentimeter Neuschnee war in der Nacht gefallen. Die Stadt funkelte in der Morgensonne, rein und weiß und still. Man sah die schneebedeckte Eisbahn und darin zwölf kleine schneebedeckte Erhebungen.

Als der Polizeiinspektor eintraf, staunte er nicht wenig über das holdselige Lächeln, das auf den Lippen der Toten lag. Vom Angestellten der Eisbahn, der die seltsamen Gäste empfangen hatte, war nichts zu erfahren. Der Mann war eingeschlafen, als das Schneetreiben eingesetzt hatte. Die Polizei stand vor einem Rätsel. An den Körpern zeigten sich keine äußeren Verletzungen. Die toxikologischen Befunde gaben keine Hinweise. Keiner der Toten hatte einer Sekte angehört. Selbstmord war daher wenig wahrscheinlich. Und womit hätten sie ihn verüben sollen? Indem sie sich in den Schnee legten? Die Toten lächelten ihr unergründliches Totenlächeln. Ein Fall, der die weite und breite Stadt B. noch lange beschäftigen sollte.

Es ist nur ein Datum

Saskia Fischer
Schwefelhölzchen

All, all und alles hebeln die trocknen Welten aus
Dylan Thomas

Henk, sage ich mir, es ist nur ein Datum, ein Datum mit Baum. Früher seid ihr am zweiten Weihnachtstag zu den Großeltern gefahren, nun läuft es umgekehrt, erst die Großeltern, dann der Vater, umgekehrt und grundverkehrt, denke ich und proste mir zu, als wäre ich ein anderer, trinke gegen die Härte meiner Ex-Freundin Nadja mit dem weichen Namen einen weiteren Schluck vom weichsten aller Malts.
Auf meinen gequälten Gesichtsausdruck hin hatte sie vor ihrer Abreise gesagt: Koch dir was, kauf eine Tanne, wir haben uns nicht getrennt, um an Heiligabend scheinheilig den Glanz auf Kind und Kugeln zu betrachten, oder willst du, dass wir in Flammen aufgehen?
Sie war in höchster Alarmbereitschaft, sie sagte, sie könne die Verlogenheit nicht aushalten an diesem Tag, das Vortäuschen von Normalität. Ich sagte, keiner muss hier irgendetwas vortäuschen, es ist, wie es ist, und auch Yannick weiß das.
Ich hätte die beiden gern zu mir nach Hause eingeladen, so jedenfalls dachte ich mir das, ihnen vor der Bescherung eine kleine Mahlzeit serviert, dann Yan-

nick die Geschenke auspacken, ihn spielen und hier schlafen lassen; er hat nach wie vor ein Zimmer bei mir, Nadja und ich wechseln uns mit der Betreuung ab. Sie hätte sich überlegen können, ob sie den Jungen noch einen Tag länger hierlässt und erst am zweiten Weihnachtstag fährt, so, wie wir es sonst immer taten. Er hätte seine neue Slotcar-Bahn aufbauen und gleich auch ausprobieren können, die digitale Technik macht Windschattenfahren mit bis zu sechs Fahrzeugen möglich. Aber Nadja dachte wahrscheinlich nicht einmal im Traum daran, ich meine, sie ist, was man frisch verliebt nennt, sie hat mich verlassen, sie wird sich jetzt nicht mit dem Scheitern unserer Beziehung auseinandersetzen, ausgerechnet in dieser hochheiligen Nacht.

Ich gieße mir noch zwei Finger breit ein und proste dem Baum zu, der schön gerade gewachsen in seinem Ständer steht.

Henk, ermahnt mich der andere in mir drin, es ist erst Nachmittag, nicht dass du die berühmte Nacht noch vor ihrem Abend verschläfst!

Komiker, denke ich, als ob das jemanden interessiert.

Schmück endlich den Baum!, sagt der andere.

Aye, aye, Sir, sage ich und nehme eins dieser glitzernden goldenen Rentiere, die Yannick so mag, und hänge es an einen Zweig. Letztes Jahr bekam er seine erste Kamera geschenkt; er war neun, bestand aber darauf, noch ans Christkind glauben zu dürfen; er hatte sich unter den Baum gelegt und jedes schimmernde Detail des Behanges über sich im Gezweig fotografiert; ich war beeindruckt. Ihm würde der weihnacht-

liche Zauber fehlen, wenn man ihm einfach ein Päckchen reichte und sagte, hier, das ist von mir. Er will das Theater, das Mysterium, die Illusion, sie beflügelt ihn. Bei Nadjas Eltern wird jede Beflügelung schon im Ansatz gestutzt, da kriegt Yannick heute Abend wahrscheinlich einen Weihnachtsmann vorgeführt, den Nachbarn, den er sofort an seinem rollenden R erkennt, Igorrr, wird er, ihn imitierend, rufen, ich war immer arrrtig, her mit dem Sack! Und dann wird er das Papier von den zahllosen Geschenken reißen, ein Roulette oder ein 3-D-Monopoly, und nicht wissen, was er damit anstellen soll, denn keiner spielt mit ihm, Nadja und ihre Schwester nicht und die Großeltern erst recht nicht; man ist alkoholisiert und viel zu sehr mit sich selbst beschäftigt; Yannick wird allen so lange auf die Nerven gehen, bis diese reißen, und dann wird es laut, und es geht unter die Gürtellinie. Ich stelle mir vor, wie die Großeltern bereits Anfang November ins Telefon riefen: Mutter, Kind und ohne Vater – das ist doch kein Weihnachten, ihr kommt gefälligst zu uns! Es ist mir ein Rätsel, wie Nadja deren Überfürsorge nicht als verlogen empfinden kann, ich meine, sie will nicht mit mir feiern, weil das keine Feier ist, wie sie sagt, aber was bitte ist das Weihnachtsfest bei ihren Eltern denn anderes als eine Weihnachtsfarce? *Es tut uns leid, Henk, uns sind auf Ihrem Familienbild irrtümlich zehn Fehler unterlaufen, wenn Sie sie finden, bekommen Sie ein Weihnachtsfest ganz nach Ihrem Geschmack.*
Ich höre schon die Englein singen, der Whiskey beginnt zu wirken.

Mach dich nicht fertig, Junge, sagt der andere, halt durch.

Schon gut, Dad, sage ich, schon gut.

Ich mache mich wieder ans Werk und behänge Zweig für Zweig den Baum. Habe ich wirklich Dad gesagt? Dad ist tot, und so habe ich ihn überhaupt nie genannt, amerikanisch – wie im Film.

Ich bin gespannt, sage ich, wann die alten Lichterketten wieder auftauchen. Ich kann noch immer nicht glauben, dass sie einfach vom Erdboden verschluckt sein sollen. Ich musste alles neu kaufen, Dad, neuen Baumschmuck und neue Birnchen, stell dir vor, Kugeln noch aus deiner Zeit, alles weg. Nadja schwor, sie bei ihrem Auszug im Frühjahr nicht mitgenommen zu haben. Dieses alte Zeug? Niemals!, hatte sie sich entrüstet; es schien mir verdächtig, dass sie sich so aufregte, ich denke, sie hat die Kartons in ihrer Weihnachtswut einfach weggeworfen.

Yannick war letzte Woche mit mir mitgegangen zum Baumschmuckkaufen, er hat ausschließlich verschiedenfarbige Kugeln ausgesucht, keine gleicht der anderen, zudem zig Kitschfiguren; ich kann kunterbunt nicht leiden, weil es billig aussieht, aber ich musste zu allem Ja sagen, um am Schluss Nein sagen zu können zu bunt blinkenden Lichterketten.

Ich sehe, die neuen hier kann man nicht mehr so leicht um den Baum wickeln, während man die Birnchen an die Zweige klemmt, es sind auch eigentlich gar keine Ketten mehr, sondern geschlossene Systeme, vermutlich wegen neuer Sicherheitsbestimmungen, man müsste sich idealerweise auf eine Leiter

stellen und diesen Lichterkettenring dem Baum von der Spitze aus überstreifen.
Was du nach drei doppelten Whiskeys nicht versuchen wirst, mischt sich der andere wieder ein. Auf nüchternen Magen!
Nadja hat so gut wie alles gestresst an Heiligabend. Zuerst die Resteinkäufe, das Vergessene und das plötzlich Ausgegangene wie Tesafilm oder Geschenkband, dann das Geschenkeverpacken an sich, dass zwischendurch ein Geflügel in den Ofen geschoben, eine Marinade für die Hasenkeulen am nächsten Tag zubereitet werden musste, ein Tiramisu, und bot ich ihr meine Hilfe an, stand ich ihr nur im Weg, ich und natürlich Yannick, der immer irgendetwas von einem wollte und keine fünf Minuten alleine blieb, bis er einen im Spielkonsolenalter endlich eine Zeitlang in Ruhe ließ und Nadja ohnehin nur noch Tagliatelle verdi mit Lachs essen wollte, schnell und unkompliziert, da begann man allmählich aufzuatmen; Hauptsache, genug Weißwein war kalt gestellt.
Ich glaube, Nadja wollte einfach nicht mit Yannick allein sein in ihrer kleinen Notlösungswohnung, die mehr Liebesnest denn Lebensmittelpunkt darstellt und, wie ich neulich sehen konnte, ganz ohne Weihnachtsdekoration auskommt, bis auf Yannicks Adventskalenderarmada, drei von den Großeltern geschickte und einen von Nadja, alle mit Spielzeug gefüllt, wie Yannick mir berichtete. Ich jedenfalls war raus aus dem weihnachtlichen Rennen, und ihr Neuer hatte vermutlich ähnliche Probleme der Auf- und Einteilung mit zwei kleinen Kindern und einer Ex-

Frau oder Ex-Freundin, so haarklein hat Nadja mir die Verhältnisse nicht unterbreitet, er wird die Tage wohl mit seiner Familie verbringen, zu der Nadja nicht oder noch nicht zählt, das wird sie ganz schön fuchsen. Vielleicht hat er zudem noch Bereitschaftsdienst, er unterhält eine Kleintierpraxis, dann wäre Nadja definitiv fünftes Rad am Wagen, nichts als ein Schäferstündchen zwischen Staupe hier und Staubsaugen dort, wer wollte dem nicht entfliehen?

Apropos Kleintiere, so langsam könnten wir uns um die Garnelen kümmern, nicht wahr? Ich habe ein Rezept gefunden, dessen Zutaten eher zusammengebaut denn -gekocht werden, das richtige für alleinstehende Männer, die an Weihnachten Nervenstärke beweisen müssen, eigentlich nichts für unsere Cowboyhände, Dad, alte Seglernatur, man schneidet die rohen Garnelen an der nach innen gekrümmten Seite auf, holt das Fleisch heraus, ohne die Schalen zu zerbrechen, entdarmt es, wälzt es in Knoblauchöl und einer Kräuterpanade und steckt es zurück in die Schale, wie auch immer das funktionieren soll, merklich größer geworden durch die Ummantelung, wir versuchen das jetzt einfach mal.

Ich gehe in die Küche, schäle und schneide Zwiebeln und Knoblauchzehen. Ich bin heilfroh, dass ich kein Krebsfleisch gekauft habe, das ich über die Maßen schätze; ich stand an der Frischfischtheke und überlegte. Es wäre mir jetzt äußerst unangenehm Dad gegenüber, wo er doch an Krebs gestorben ist. Ich öffne einen eiskalten Vinho Verde und fülle zwei Gläser. Vater hat Yannick noch als Baby und Kleinkind erlebt, er war erst sechsundfünfzig, als er starb. Er hatte immer davon geträumt, mit Yannick segeln zu gehen, wenn er größer wäre; er begann gerade, den Großvater in sich zu entdecken, da war seine Zeit auch schon um. Schade für mich als Sohn, er hätte über den Enkel auch einiges an Vater in sich entdecken können. Er wurde von meiner Mutter geschieden am Ende einer Epoche, als Kinder noch kein Recht auf ihre Eltern hatten, meine Schwester und ich kamen zu unserer Mutter, wir bekamen einen Stiefvater, mit dem leiblichen hatten wir nichts mehr zu tun; die Väter früher verschwanden einfach, sie gründeten neue Familien, und nichts vermischte sich mit ihrem vorherigen Leben; ich kenne meine Halbgeschwister nur vom Namen und vom Leichenschmaus.

Das ist heute ganz anders, Dad, und soll ich dir etwas sagen, nicht unbedingt besser: Fuck Patchwork! Yannick kennt die beiden anderen Kinder noch nicht, das blüht ihm an Silvester, dann soll es eine erste Beschnupperungsparty geben, wie Nadja das nennt; das geht mir, wenn du mich fragst, einen Tick zu schnell, ich glaube, dass Nadja schwanger ist, ich sehe es ihrem Gesicht an. Sie wünsche sich heimlich ein weiteres Kind, hat sie mir einmal in betrunkenem Zustand gesagt, ich fragte, wieso denn heimlich, und sie antwortete, na, weil nicht von dir. Kinder und Säufer sprechen angeblich Wahres. Feliz Navidad!, kann man da heute nur sagen; ich stoße die beiden Gläser klirrend aneinander und trinke aus dem einen auf das Wohl aller Trennungskinder. Auch die Mutter der beiden Kleinen von Nadjas Hamsterschmuser soll schon einen neuen Mann gefunden haben, der ebenfalls zwei Kinder hat; man kennt das von Freunden und Kollegen, das gibt ein einziges Hinundhergeschiebe, die Leute sind ständig am Fluchen, wenn man sie lässt. Nadja sagt immer, du findest eine neue Partnerin, Henk, und ich sage, wie alt bitte soll diese denn sein, wenn ich nur erwachsene Kinder akzeptiere, dreiundfünfzig vielleicht? Ich bin zweiundvierzig – ich trinke einen großen Schluck auf alle Frauen jenseits der vierzig; mir graut aber ebenso davor, einer Fünfunddreißigjährigen mit Kinderwunsch zu begegnen! Nicht alles noch einmal und dennoch, noch einmal: Feliz Navidad, Nadja! Ich trinke aus dem anderen Glas. Kein anderer Name eignet sich so für die betrunkene Aussprache wie der ihre, die ohnehin weichen Konsonanten verflüssigen sich geradezu im Mund: Nadja, Nadjuschka!

Das Knoblauchöl ist abgekühlt, ich tränke und wälze und kriege die Garnelenstücke tatsächlich wieder zwischen die Schalen geklemmt, sie lugen ein bisschen heraus, aber das ist auf dem Foto im Kochbuch genauso, alles richtig gemacht. Sie kommen für zehn Minuten in den Ofen und werden mit Baguette serviert, am besten mit Blick auf den erleuchteten Baum.

Es ist nicht die Angst, ein Leben noch einmal von vorn beginnen zu müssen und es potentiell wieder zu verlieren, nichts Egoistisches, nein, es ist der Mangel an Zeit, der mir Sorgen macht; ich stelle mir vor, wie die Kinder betteln und kämpfen müssen für eine Stunde mit der Ursprungsmutter, dem Ursprungsvater, fern aller eingemeindeten Familienareale, Yannick also allein mit Nadja ins Kino und anschließend Pizza essen oder allein mit ihr auf der Couch, sie seine Füße massierend; zehn Jahre lang ist er Einzelkind gewesen, und auf einen Schlag sitzt er in einem Kinderheim oder Feriencamp mit fliegendem Gästewechsel.

Du immer mit deinen Übertreibungen, sagt Nadja, es ist nichts als eine Rückkehr zur Großfamilie.

Gezwungenermaßen, sage ich, die Kinder gemeinsamer genetischer Herkunft haben sich wenigstens gern, während die einander fremden sich nicht ausstehen können; Yannick soll bei mir Geborgenheit und Ordnung und eine Bezugsperson finden; ich werde keine Flickschusterei dulden, denn nichts anderes ist dieses *Familienkonzept;* als würden sich junge Erwachsene das freiwillig auf ihre Lebensplanwunschliste ganz oben drauf schreiben, Patchwork ist nichts als ein Euphemismus einiger Soziologen oder in die Falle geratener Paare, die sich nicht vollends in Grund und Boden schämen wollen, er legitimiert das totale Chaos.

Ich lege Humperdincks *Bübchens Weihnachtstraum* auf, nehme die Garnelen aus dem Ofen und schenke Wein nach; so gesehen ist es ein Vorteil, allein mit sich selbst zu feiern, man kann wenigstens hören, was man will. Nadja mochte keine Oratorien, dieses Katzengejammer macht einen depressiv, sagte sie, sie wollte Beschwingtes hören, *Jingle Bells*-Parodien: Ein Glöckchen fiel ins Meer und sank tief auf den Grund, da kam ein dicker Wels daher und nahm es in den Mund, oh Jingle Wels, Jingle Wels, klingt es in der

Flut, und alle Fische sind im Glück, weil's fröhlich bimmeln tut.*

Wir sind sehr verschieden, Dad, du hast sie ja gekannt; schmecken sie dir, diese Happen? Gut, also vor der Trennung waren wir bei einer Paarberatung, die Psychologin sagte, wir sollten kurz unsere jeweiligen Eltern *visualisieren* und sie uns anschließend gemeinsam in einer Skihütte oder einem Strandhäuschen vorstellen, und was dabei herauskäme, das wären wir, also Nadja und ich. Ich erschrak, ich konnte ihre Eltern nicht leiden, und ich konnte mir kein Elternpaar der Welt vorstellen, das ihre Eltern ertragen würde, und tatsächlich haben sie keine Freunde, nur falsche, sich irgendwelche Vorteile erhoffende Mitläufer, Parasiten, selbst im Urlaub schließt sich ihnen niemand gern an. Ich sah ihre Mutter also mit Skistöcken um sich schlagen, während meine nichts tat, als sich über ihre fünftausend Krankheiten auszuweinen, in der anderen Version versuchte Nadjas Vater, meine Mutter mit Cocktails zu heilen, um ihr ein Tänzchen abzuluchsen oder ihren Büstenhalter, derweil mein Stiefvater, lässig pfeiferauchend, Nadjas Mutter wegen ihres schlechten Geschmacks in Sachen Ehemann aufzog, bis diese zornig durch den Sand davonstapfte – nicht, dass der Eindruck entsteht, ich würde meine Eltern glorifizieren, Dad, ausgeschlossen – dich eingeschlossen. Nach der Theorie der Psychologin könnte niemand jemals auch nur annähernd glücklich werden, weil sich kein Partner finden lässt,

* Arezu Weitholz: Merry Fishmas. 44 Fischgedichte fürs Fest. Weissbooks, Frankfurt a. M. 2010.

dessen Herkunftsfamilie Gefallen an der eigenen findet, auch wenn sie einander nie begegnen, eine Herkunft lässt sich nicht verbergen, sie durchdringt alles, du riechst nach ihr, Schwefel, Phosphor, das ganze Höllenzeug; und mit einem Pulverfass wie Nadja leben, heißt, ständig alles Entzündliche aus ihrem Umfeld entfernen und keine alte Glut liegen lassen, man muss schon ein sehr aufgeräumter und sachlicher Mensch sein, um mit Nadja zurechtzukommen, ein von stoischer Ruhe und Altersweisheit gesegneter, und ich bezweifle, dass dieses Kleintierkaliber von Mann mit seinen zukünftigen vier Kindern mit einem solchen Temperament ausgestattet ist.

Ich lege das große Paket unter den Tannenbaum und zwei kleinere daneben, die beiden zusätzlichen Autos. Ich blicke eine Weile darauf, trinke noch ein Glas Wein; man muss sie eigentlich ausprobieren, die Bahn, damit auch alles gut läuft, wenn Yannick übermorgen kommt, Dad, was meinst du? Ich kann sie ja morgen wieder abbauen und einpacken, neu in Geschenkpapier einschlagen, ich habe noch genug übrig.

Ich beginne, das Papier abzureißen, die Verpackungen öffne ich schon vorsichtiger, dann wird geklickt und gesteckt, Schienen, Weichen, Kurven, die Leitplanken müssen angebracht, Bahnstücke verriegelt werden; es gibt eine Magnetwarnung, Dad, du hattest Metastasen, aber keinen Herzschrittmacher, oder?

Am Ende fahre ich alle Formel-1-Wagen mit zwei Handreglern gleichzeitig; es beruhigt, alkoholisiert am Steuer zu sitzen und der Wirklichkeit davonzufahren. Ich muss an das Schwefelholzmädchen den-

ken, nicht Nadja, sondern an das aus dem Andersen-Märchen, das alles andere als ein Märchen ist, die volle Realität, die Kleine feiert auch mit einem toten Verwandten; die Toten passen immer gut zueinander, die kann man sich leicht vorstellen gemeinsam in einer Skihütte. Schade, dass das Märchen am Silvesterabend spielt und nicht an Weihnachten, das Mädchen und mich trennt eine ganze Woche, und dass ich mich, im Gegensatz zu ihr, nur innerlich festgebissen habe an dieser Einsamkeitssache, nicht äußerlich festgesessen im ringsherum erstarrten Schnee.
Es ist mehr als ein Datum mit Baum, sagt mein Vater in die Fahrgeräusche der kleinen Autos hinein, und wir können einander nicht umarmen, weil wir die Regler festhalten müssen mit ihren baumelnden Kabeln zwischen uns.

*

Andreas Maier
Und dann ins Lascaux
Weihnachten, eine Selbstbefragung

Neulich wurde ich gefragt, wie ich den Heiligen Abend verbringen werde. Etwa zwei Wochen vor dem vierundzwanzigsten Dezember fangen diese Fragen an: Und was machst du an Weihnachten? Bist du bei deinen Eltern? Deine Freundin, seid ihr an dem Tag zusammen, und wo, und wie et cetera? Ich erinnere mich dann immer an früher zurück und frage mich, bis wann Weihnachten eigentlich mein Fest war und ab wann es das Fest der anderen wurde. Ich glaube, ich habe Weihnachten sehr genossen von meinem dritten bis zu meinem fünften Lebensjahr. Ich habe genau dieselben Erinnerungen an den Heiligen Abend von damals wie alle, wenn sie an diese Jahre zurückdenken. Irgendwie war alles golden, überall Kerzenlicht, alles war schön, und es gab Geschenke. Das dauerte aber nicht lange. Schon als ich sechs, sieben Jahre alt war, konnte mein älterer Bruder Weihnachten zu Hause kaum mehr ertragen. In der Tat fiel auch mir langsam auf, dass die Eltern an diesem Tag, der doch besonders schön und festlich sein sollte, besonders nervös und beschäftigt waren. Früher hatten sie Weihnachten bei der Großmutter in Bad Nauheim verbracht, dann kam das neue Einfamilienhaus, die Erbschaftsstreitigkeiten unter den Geschwistern, und jetzt gab es gewisse Dinge, auf die man achten musste: Mit wem verbringt die Großmutter den Heiligen Abend, kommt sie zu uns, kommt sie zur Tante X? Wenn sie zu Hause bleibt: Wann fahren wir zu ihr, und wie kann geregelt werden, dass man Tante X nicht begegnet? Das gemütlich-festliche Zusammensitzen am Heiligen Abend bedurfte immer größerer Organisation, und da das die Familie anstrengte, ergaben sich natürlich, quasi notwendigerweise, Streitigkeiten. Dieses Phänomen kann man den Weihnachtsstreit nennen. Wir hatten jedes Jahr Weihnachtsstreit, ich war inzwischen elf, zwölf Jahre alt. Dieser Streit entbrannte immer wegen gar nichts und hatte nie einen Grund, sondern beruhte nur darauf, dass regelmäßig alle schon am Nachmittag völlig mit den Nerven am Ende waren. Später kam der Bruder gar nicht mehr, die Schwester emigrierte, und ich saß noch eine Weile in folgender Konstellation am Heiligen Abend herum: Vater, Mutter, Großmutter und Onkel.

Der Onkel hatte eine leichte Behinderung, duschte wenig, arbeitete als Paketschlepper bei der Post und verbreitete einen merklichen Geruch. Die Großmutter saß da und erzählte fünfmal am Abend, wie sie ihre Mixed Pickles mache (das Einzige, was sie einigermaßen verdauen konnte). Der Onkel interessierte sich ungemein für Jägerei und Heino, und irgendwann stand er am Radio, drehte unglaublich laut ein Weihnachtsglockengeläut auf und rief begeistert wie ein Radiopionier aus den zwanziger Jahren: Da, das ist Wien! Stephansdom!! Ich als Jüngster und Letztverbliebener saß mit einem gewissen Pflichtbewusstsein bei ihnen, gab mich ironiefrei und ging gegen zehn Uhr in eine Kneipe, wo sich meinesgleichen traf beziehungsweise versammelte. Ich nannte das immer »die Weihnachtssammlung«, und da die Kneipe eine Kellerkneipe war, etwas Grottenartiges hatte und Lascaux hieß, konnte man fast an den Stall zu Bethlehem denken. Ein Jahr später immigrierte die emigrierte Schwester wieder und hatte inzwischen ein erstes und dann ein zweites Kind, hatte sich in ein hysterisches Wesen verwandelt, regelmäßige Weihnachts-Anschrei-Orgien waren die Folge, dazu weiterhin Mixed-Pickels-Gespräche und Stephansdom. Ich zog aus Friedberg in der Wetterau, dem Weihnachtsort meiner ersten neunzehn Jahre, nach Frankfurt am Main und begann, mich um Weihnachten nicht mehr zu kümmern.

Später bürgerte sich mit meiner Freundin eine Art Heilig-Abend-Ritus ein, der daraus bestand, dass ich nachmittags in der Küche stand und Melanies (Nonnenfürze) buk, ein Brandteiggebäck. Die aßen wir gegen fünf, tranken Tee, und dann gab es Geschenke. Ja, vielleicht war das mein Weihnachten, denn weder meine Freundin noch ich mussten das haben. Hätte es nicht stattgefunden, wäre es auch nicht schlimm gewesen. (Über den spirituellen und philosophisch-spekulativen Aspekt des Tages, der mir ziemlich wichtig ist, rede ich hier nicht, ich schreibe hier nur über Weihnachten als Tag einer irgendwie zu verbringenden »Feier«.) Allerdings muss ich dazu sagen, dass unser Melanieritual in Brixen in Südtirol stattgefunden hat, ein paar Jahre wie gesagt, und dass es, wie ich im Nachhinein begriff, nur möglich war, weil wir weitab unserer Familien und Freunde waren. Später, zurück in Hessen, war es nicht mehr möglich, zumal wir uns irgendwann trennten, auch wenn wir später wieder näher zusammenkamen. Heute muss sie mit ihrer Familie und Verwandten und ihren Freunden einen gewissen Heilig-Abend-Besuchskanon ableisten (wie so gut wie alle, die ich kenne). Diese zwei Stunden Melanie heute noch in ihr Weihnachtsleben zu integrieren wäre faktisch unmöglich. Und jetzt beantworte ich die Frage, wie ich den Heiligen Abend verbringe: gar nicht. Und das hat seinen Grund. Ich finde, das größte Geschenk, das man dem anderen an Weihnachten machen kann, ist Entstressung durch Abwesenheit. Zwar trete ich durch meine permanente Weihnachtsabwesenheit auch einigen Leuten immer wieder auf die Füße, aber ich bin auch kein Sklave dieses Tages. Ich möchte nicht irgendwo herumsitzen, wo ich nicht herumsitzen will und wo niemand herumsitzen will und sich alle nur ärgern, das kann kein Weihnachten sein. Ich gehe ins Gemalte Haus auf die Schweizer Straße in Frankfurt (ein Restritual); trinke Apfelwein, dann geh ich nach Hause, tue nichts, denke nach, schaue in eine Kerze, koche mir Tee und feiere später in den Geburtstag eines Freundes hinein, etwa ab 23.30 Uhr. Das kann einem sehr unweihnachtlich vorkommen, aber vielleicht ist mir und meinem langsamen Wesen Weihnachten überhaupt nur so möglich, und tatsächlich ist für mich Weihnachten gerade dadurch seit Jahren Weihnachten.

Neulich bin ich in Brandenburg einer Frau begegnet, die ein Kind hat und angeblich immer das herrlichste Weihnachten mit den eigenen Eltern, dem Mann, der Großmutter verbracht haben soll (ihr zufolge). Ihr Weihnachten sieht diesmal so aus: Sie hat sich von ihrem Mann getrennt, bekommt gerade ein neues Kind, schreit sich mit dem Mann am Telefon an und muss auf die Minute planen, wann wer das Kind wo hat an diesem Tag. Auch die Freundin des Freundes, in dessen Geburtstag ich heute Abend hineinfeiern werde, hat ein Kind, und auch hier gibt es insbesondere wegen des vierundzwanzigsten Dezembers Diskussionen. Diesmal bleibt das Kind beim Mann (ich glaube, ab 16 Uhr); und dann fahren Freund und Freundin Richtung Odenwald zur Familie des Freundes, nur um drei Stunden später wieder in Frankfurt zu sein, und die Freundin kommt deshalb mit in den Odenwald, weil, wie gesagt, das Kind diesmal nicht da ist, sondern beim Mann und so weiter. Im Grunde antworten die meisten Leute auf die Frage, wie sie Weihnachten verbringen, mit einem Roman, denn der Heilige Abend ist ein Tag von größtmöglicher Kasuistik in jeder Familie.

Wenn ich mir nun vorstellte, ich würde ähnliche Ansprüche anmelden und aus irgendwelchen inneren Gründen Weihnachten mit dem und dem verbringen müssen, weil ich sonst zutiefst traurig und enttäuscht und beleidigt wäre, dann wäre ich nur ein Glied mehr in einer Kette voller Stressfaktoren. Die Frau aus Brandenburg mag zwar drei schöne Heilige Abende mit Kind und Mann verbracht haben und sagt, alles sei immer sehr gemütlich und schön und feierlich und ohne jeden Zwang gewesen, aber man sieht, wie tief man da binnen eines Jahres fallen kann. Wenn ich den Weihnachtsabend auf eine bestimmte Weise haben will, dann konterkariere ich bereits dieses Fest. Das alles führt vermutlich leider nicht nur bei mir dazu, dass Weihnachten (zusammen mit Ostern, ich bin katholisch) zwar einer der für mich wichtigsten Tage ist (in spiritueller und philosophischer Hinsicht); aber andererseits auch den größten Teil meines Lebens der grauenhafteste Tag war, den es im Kalender gab. Das haben immer die Leute gemacht, die ein schönes, ein feierliches Weihnachten haben wollten. Im Willen zur Weihnacht, da steckt das Übel. Weihnachten ist ein Geschenk. Das kann man nicht wollen. Das kriegt man oder nicht. Das hat der Herr so eingerichtet. Da sei ihm Dank.

Doron Rabinovici
Lichtspiele

Es war eine glatte Lüge. Hugo wusste selbst nicht, weshalb er nicht die Wahrheit sagte. Er sah Celia an und konnte nicht anders. Er begann zu spintisieren, erzählte von Geschenken, nach denen er suche, und vom Schneeregen, der ihn in das Kaufhaus getrieben habe. Aber er war nicht der Kälte wegen hier, und er wollte auch nichts für die Bescherung einkaufen. Im Gegenteil. Er floh vor den Punschständen mit den versoffenen Kunden, vor den Schihütten in der Innenstadt, vor den Läden voller Schneekugeln. Er floh vor dem neonroten Leuchtschmuck in den Straßen, vor den Riesenballons aus Abertausenden Lichterlein. Vor den Engeln, die in den Fenstern blinkten.
Er erwähnte nichts davon. Er verschwieg ihr auch, dass er sich hier nur einige DVDs besorgen wollte, Filme, in denen keine Krippen und keine Heiligen Drei Könige vorkamen. In dieser Nacht wollte er lieber ein Sexidol aus Hollywood anbeten als eine jungfräuliche Mutter. Aber wie passte das zum Image, mit dem er sonst bei Celia punktete, er war doch Hugo Brand, der Komponist und feinsinnige Künstler.
Hugo hatte vor zehn Jahren mit seinem Zyklus *Babylon – neun Symphonien für zwölf Resonanzräume* Furore gemacht. Seine Kompositionen, komplexe Klangkonstruktionen, hatten ihm Anerkennung bei der

Avantgarde gebracht, und auch als Dirigent wurde er gefeiert. Er gab nicht viel drauf. Er wollte kein Star, sondern ein guter Lehrer sein. Er wusste Jüngere zu begeistern und verstand, woran es seinen Schülern fehlte. Einen jungen chinesischen Musiker etwa hatte er vor einigen Wochen in seiner Wohnung aufgenommen, weil er sich das Studentenheim nicht mehr leisten konnte.
Neben der Musik liebte Hugo den Film und das Kino. Aber an diesem 24. Dezember hatte er keine Lust auf Anspruchsvolles. Er wollte sich ein paar Actionfilme ansehen und dazu einen Joint rauchen.
Wie hätte er Celia Montel das erklären sollen? Bestimmt hätte sie kein Verständnis dafür. Er versuchte, das Gespräch in eine andere Richtung zu lenken: »Das letzte Mal haben wir einander bei Roi Zilberstajn gesehen.« Er war einer von vielen gewesen, die der Pianistin nach dem Konzert gratuliert hatten. Begeistert.
Sie hob die Augenbrauen: »Ich leide nicht unter Gedächtnisschwund.«
»Sind Sie auch auf der Suche nach letzten Geschenken?«, fragte er.
»Wir waren bereits beim Du, Hugo.«
»Ich wollte nicht aufdringlich wirken.«
»Nein, das bist du ganz bestimmt nicht.«
Er lächelte schief. Sie standen vor der DVD-Abteilung, und aus Verlegenheit sagte er: »Ich glaube, hier gibt es auch schöne alte Filmplakate.«
Ob er sich denn etwas mache aus Weihnachten, fragte sie.

Und wieder erzählte er ihr nichts als Lügen, faselte von Ritualen, die ihm Trost boten, und erklärte ihr schließlich, dass eine Geburt doch wahrhaft ein Anlass zum Feiern sei. Insgeheim dachte er aber daran, wie er im letzten Jahr dem Trubel entkommen war. Eine Reise in die Tropen. Heiligabend im Flugzeug einer arabischen Airline. Von Weihnachten keine Spur. Auf dem Bildschirm vor ihm nur die Anzeige, in welcher Richtung Mekka liege. Dann die Durchsage, die Crew heute spreche arabisch, englisch, französisch, spanisch, deutsch, russisch, slowakisch, hindi, suaheli und tagalog. Die Flugbegleiterinnen trugen Schleier über dem Haar. Die Zwischenlandung in einem Golfstaat. Im gigantischen Flughafengebäude baumelten große Styroporschneeflocken von der Decke, und aus einem Schmuckladen voller Glitzerketten wuchs eine riesige, goldene Palme, in deren Schatten ein Nadelbaum samt weihnachtlichem Dekor stand. Die erschöpften Reisenden waren wenig besinnlich gestimmt. Die Pauschalurlauber in Batikhemden und Shorts, die Globetrotter in Cargohosen, die Geschäftsleute in Anzug und Krawatte, die Scheichs mit ihren schwarz verhüllten Frauen hetzten von einem Gate zum nächsten. Er hinterher.

Auf der Insel im Indischen Ozean war es heiß und schwül. In der Lobby seines Hotels stand ein geschmückter Laubbaum. Die Hits »Last Christmas« und »Feliz Navidad« liefen in Endlosschleife. Die meisten Gäste ignorierten die Festtage. Nur Moshé Levy aus New York wollte beim Abendessen besonders aufmerksam wirken, wünschte einem australischen Ehepaar »Merry Christmas«, ging danach – um nicht voreingenommen zu erscheinen – auch zum Gemeinschaftstisch der drei deutschen Familien, suchte nach der richtigen Grußformel, bis er endlich ein herzhaftes »Happy Kristallnacht!« über den Tisch schmetterte.

Die Erinnerung an diese Szene heiterte ihn einen Moment lang auf. Dann fielen ihm wieder seine Lügen ein, und er fühlte sich miserabel und durchschaut. Es tue ihm so leid, sie nach ihrer letzten Begegnung nicht angerufen zu haben, sagte er zu Celia, und er wurde rot, weil er sich für seine Schamhaftigkeit schämte. Heute, so Hugo, sei er alleine zuhause. Er habe keine Familie in der Stadt und ob sie bei jemandem eingeladen sei.

»Meine Verwandten sind in Buenos Aires«, antwortete sie.

Er war ihr vom ersten Moment an verfallen gewesen. Sie hatte im Musikverein am Klavier gesessen und mit beiden Händen in die Tastatur gegriffen, als schlüge sie eine Kerbe ins Instrument. Sie hatte alle in ihren Bann gezogen, bis der letzte Ton verklungen war. In Hugo schwang das Motiv jenes Abends immer noch nach, und dieser Klang war seither immer stärker und lauter geworden, sodass er jetzt alle Zweifel und Bedenken übertönte. Hugo vergaß, wie es bei ihm zu Hause aussah, dass nichts für das Fest vorbereitet war, und er hörte sich sagen, sie könnten ja diese Stunden gemeinsam verbringen. Bei ihm.

Ehe sie antworten konnte, fiel er sich schon selbst ins Wort; er könne verstehen, wenn sie sein Angebot ablehne, denn es komme wohl einem Überfall gleich, aber zu seinem Erstaunen, ja zu seinem Erschrecken nahm sie es gerne an.

Im Treppenhaus, vor der Wohnungstür, hielt er die innere Anspannung kaum mehr aus. Er musste ihr erklären, weshalb sie bei ihm nichts finden würde, was an Weihnachten denken ließ. Keinen Tannenbaum, keinen Adventskranz, keine Geschenke, keine Lebkuchen, keine Plätzchen. In diesem Moment fiel ihm auch noch sein Schüler Li ein.

Er steckte den Schlüssel ins Schloss. »Bitte wundere dich nicht. Ich habe nicht einmal Kekse. Und erst die Unordnung! Dann ist da auch noch mein chinesischer Student …«

Kaum hatte Hugo die Tür geöffnet, bemerkte er den süßlichen Duft, jenes Gemisch aus Nadelbaum, Kerzenwachs und Lebkuchen.

Celia war überrascht: »Hier weihnachtet es ja richtig!«, und Hugo verfluchte Li im Stillen. Er wollte ihn zur Rede stellen und fragen, was ihm da eingefallen sei, seine Wohnung in ein Museum für heimisches Brauchtum und bigotte Rituale zu verwandeln. Er hätte den Chinesen gern angeschrien, was diese fernöstliche Begeisterung für abendländische Sitten zu bedeuten habe. Aber vor Celia musste Hugo sich zurückhalten. Er stieß nur hervor: »Was soll das denn?«

Li bog sich vor Lachen und schien überzeugt, seinem Lehrer einen geheimen Wunsch erfüllt zu haben.

»Woher«, fragte Hugo heiser, »hast du überhaupt das Geld für diese ganze Bescherung?«

Li zuckte nur die Schultern und strahlte Hugo an. Es

war, als wollte der junge Mann den Missklang, den er bei seinem Lehrer fühlte, überspielen, und schließlich griff Celia ein. Sie reichte Li die Hand, und der war recht verlegen, die berühmte Pianistin kennenzulernen. Dann sagte sie: »Schau nur, Hugo, der Weihnachtsbaum und die köstlichen Mehlspeisen. Und die Krippe! Alle drei wären wir heute alleine gewesen. Nun können wir zusammen feiern.«

Hugo, der Celia vorhin noch vom Lichterfest vorgeschwärmt hatte, merkte, wie die Wahrheit aus ihm herausplatzen wollte, dass er dieses Fest, die kirchlich verordnete und familiär auferlegte Fröhlichkeit und dekretierte Innigkeit, von jeher hasste. Aber er verkniff sich jede Bemerkung und forderte Li stattdessen auf, ein Weihnachtslied vorzusingen. »Na? Weißt du keins? Wie wäre es etwa mit *Ihr Kinderlein kommet*?«

Das könne er unmöglich machen, meinte Li.

»Tu mir doch den Gefallen«, bat Hugo und fügte mit boshaftem Grinsen hinzu: »Es wäre wie Weihnachten für mich.«

»Wir könnten es vielleicht gemeinsam versuchen«, schlug Celia vor, um die Situation aufzulockern.

Li lachte jetzt nicht mehr, und sein Akzent war stärker als sonst: »Bitte das nicht, Hugo! Du hast mich aufgenommen. Aus dem Studentenheim musste ich weg. Meine Kollegen haben mir nicht geholfen. Ich weiß nicht, Hugo …«

»Ja, genau. Du weißt nicht, wie du mir danken sollst. Das sagst du immer. Aber jetzt weißt du es. Sing! Hörst du? Stell dich nicht so an. Mach schon den

Mund auf!« Hugo trat nah an Li heran. »Ihr Kinderlein kommet!«
»Das geht nicht.«
»Gut«, sagte Hugo, »dann zumindest etwas Chinesisches. Irgendein Lied, damit wir endlich die Kerzen am Baum anzünden können.«
Li schüttelte stumm den Kopf, und Celia merkte, wie seine Hände zitterten. Seine Mutter habe ihn als Kind immer gezwungen, Volksweisen zu singen, wenn der Vater wieder missgelaunt und betrunken nach Hause gekommen war.

Später saßen sie in der Küche. Er habe doch nur Hugo zuliebe beschlossen, das Fest zu begehen, sagte Li, aber warum es gefeiert werde, sei ihm gar nicht klar.
Da gehe es ihm wie ihr, erklärte Celia. Ihr bedeute die jungfräuliche Mutterschaft nicht allzu viel, ganz im Gegenteil, sie könne recht gut ohne Jungfräulichkeit und ohne Mutterschaft leben, und bereits als kleines Mädchen habe sie gemerkt, dass der Weihnachtsmann mit Zipfelmütze, Mantel und Jutesack Papas Ohren, seine Nase und seinen Akzent gehabt hatte. Sie lernte das Fest der Liebe als eines der Lüge kennen, und bis heute wisse sie nicht, ob die Lüge ein Zeichen von Liebe oder die Liebe bloß ein Zeichen von Lüge gewesen sei. »Ich sah darüber hinweg«, sagte Celia, »wie auch heute über Hugos Schwindeleien. Keine Sekunde glaubte ich ihm. Er spielte mir ein Theater vor, nur die Zipfelmütze fehlte, und ich ging darauf ein. Es war wie früher. Die ganze Welt tut, als glaube sie ans Christkind. Selbst du, als Chinese, kaufst den Baum,

und zwar nur Hugo zuliebe, der dich zwingen will, zu singen, und zwar mir zuliebe, die ich gute Miene dazu mache, aber nur dir zuliebe.«
An Feiern war jetzt nicht mehr zu denken. Hugo schlug vor, gemeinsam in ein Programmkino zu gehen, das auch an Heiligabend geöffnet hatte. Er sah in die Zeitung. Der Film, der heute gezeigt werden sollte, war eine Bollywood-Produktion. Er kannte den Schinken aus dem Tropenurlaub vor einem Jahr. Nach einer Woche am Strand war er in die Hauptstadt gefahren. Er hatte sich einen Tag lang dort herumgetrieben und steuerte schließlich gegen Abend einen alten Lichtspieltempel an, in dem Hindi-Filme gezeigt wurden. Er war überwältigt von den Massenszenen, den Tanzeinlagen, vom indischen Kitsch und sogar vom Kino-Publikum. Die Leute feuerten ihre Stars an und applaudierten ihnen, als wäre die Leinwand bloß ein zarter Schleier zwischen ihnen und ihren Lieblingen. Der Film dauerte über vier Stunden, viel länger, als er gedacht hatte. Er musste vor dem Ende gehen, um den letzten Bus zurück in seine Ferienanlage zu erwischen.
Heute Abend waren nur wenige Leute im Kino. Eine kleine Gemeinde, der Saal war ihr Refugium. Celia saß zwischen Li und Hugo, der sich an sie lehnte, als fiele er gleich vom Stuhl. Kaum hatte der Film begonnen, die Musik eingesetzt, waren Weihnachten, der Frost und der Schneematsch draußen vergessen. Der Lichterglanz Indiens nahm sie gefangen, die Rhythmen des Orients, der Zwiegesang der Liebenden, und Celia griff nach Hugos Hand, der daraufhin noch en-

ger an sie heranrückte. Li beugte sich zu ihnen hinüber, um zu sagen, er finde diesen Weihnachtsbrauch, zusammen einen Film anzuschauen, sehr schön.
Hugo hoffte, nun endlich auch den Schluss der Geschichte zu erfahren. Doch plötzlich liefen Nummern und Buchstaben über die Leinwand, die Musik gerann zu einem Dröhnen, dann fiel der Ton aus. Das Bild blieb stehen und warf Blasen. Filmriss. Das Publikum wartete im Dunkel, bis der Vorführer erschien und um Entschuldigung bat. Die Rolle sei falsch eingelegt gewesen. Der Schaden ließe sich nicht beheben.
Die Zuschauer waren empört. Was sie nun machen sollten? Die Theater, Kinos, Lokale und Geschäfte hätten doch längst zu.
Er könnte, meinte der Vorführer, einen anderen Film anbieten.
»Welchen Film? Wie heißt er?«
»*Verschollen im ewigen Eis.*«
»Das kann doch nicht dein Ernst sein«, brüllte einer.
»Dazu brauche ich heute nicht ins Kino zu gehen«, rief eine Frau, und ihre Freundin ergänzte: »Verschollen im ewigen Eis bin ich schon seit Wochen.«
Es war Li, der sich zu Wort meldete. Wie viele Rollen denn der Film habe?
»Neun.«
Und welcher Teil gerissen sei?
»Der vierte.«
Dann gebe es doch eine einfache Lösung. Hugo Brand, so Li, kenne den Film, mit Ausnahme des Endes. Er solle ihnen erzählen, wie es weitergehe, und dann könnte man mit der fünften Rolle fortsetzen.

Der Vorschlag wurde angenommen. Hugo stellte sich vor die Leinwand und referierte die Handlung. Er beschrieb die Einstellungen in den nächsten Szenen, schilderte die Tanzeinlage, deren Farbenpracht und Tempo, sprach vom Versteckspiel der Liebenden. Als er sich schließlich, ehe die nächste Rolle abgespult wurde, auf seinen Platz setzte, fühlte er Celia neben sich, und sie küsste ihn.

Benommen vom Film, den Hindipop in den Gliedern, verließen sie nach dem Abspann das Kino. Zu dritt stapften sie durch die Kälte. In Hugos Wohnung bereiteten sie gemeinsam ein Abendessen zu. Li servierte Nudelsuppe. »Das Beste an Weihnachten«, sagte er plötzlich, »war der Filmriss.« Die anderen beiden nickten und löffelten stumm ihre Teller aus.

Gerald Zschorsch

Bitte bitte sei nicht tot

Wegen etwas sterben. Das hieße doch, mit etwas gehen. Durch die letzte Tür. Dazu hatte ich keine Lust. Am 24. Dezember 1974, als ich um 12 Uhr durch das Lagertor trat, wollte ich nicht sterben. Ich wollte und sollte leben. Gießen. Der letzte Transport mit Gefangenen in diesem Jahr war am 18. Dezember von Karl-Marx-Stadt aus im Sammellager Gießen/Hessen eingetroffen. Zuvor waren die 45 Häftlinge, Männer und Frauen, aus verschiedenen Strafanstalten der DDR gesammelt worden, um sie in der Staatssicherheitsstrafanstalt Kaßberg, Karl-Marx-Stadt, zu bündeln. Von da aus dann die Reise mit dem Bus in die andere Welt. Weihnachten stand vor der Tür, und das Notaufnahmeverfahren in Gießen, für solche Ladungen, dauerte in der Regel zwei bis drei Wochen. Um sie zu registrieren und sie dann in Städte ihrer Wahl zu entlassen. Diesmal war aber nur 7 Tage Zeit; bis zum Weihnachtsfest, und deshalb beschloß der Leiter des Lagers, das Notaufnahmeverfahren zu verkürzen. Weihnachten sollte das Lager leer und die ehemaligen Gefangenen der DDR bei ihren Familien oder Freunden in Westdeutschland sein. Von morgens 8 Uhr bis mittags 12 Uhr wurde an diesem 24. Dezember 1974 aus dem Lager heraus entlassen. Um 12 Uhr sollte das Lager leer sein und somit das Transportjahr 1974 um.

Ich trat Punkt 12 Uhr mittags alleine und als letzter durch das Tor. Tat zwei Schritte auf der Straße nach vorn und war sofort tot. Das letzte, was ich dachte, war: »Wenn der Wille schwänzt.« Dann ein Stoß und Nacht. Ohne Schmerz, ohne Geräusch, ohne meine Beteiligung. Einfach tot. Ich sah plötzlich vor mir die innerdeutsche Grenze; sah Cottbus und Gräfentonna. Das Gefängniskrankenhaus Meusdorf und den Otto-Grotewohl-Expreß. Den Leipziger Hauptbahnhof und Gotha in Thüringen. Auch sah ich die unterirdischen Zellen, die Wolfsschlucht und sah die Hunde an ihrem Laufseil. Ich sah vieles, und fast sah ich alles. Nämlich auch meine Zeit in Elsterberg und in Plauen. Hörte den sächsischen Dialekt, der mich schon damals anwiderte; auch bei mir selbst. Und ich sah die Sächsinnen; die schönsten Mädchen und Frauen Deutschlands, bei der Arbeit. Sah dieses östliche Mittelgebirge und spürte die Wärme und die Kälte der Jahreszeiten. So um die 30 Grad. Deutsch Sibirien, ging es mir durch den Kopf. Sah die Kinderstaudämme, die ich an der Weißen Elster baute, und die Gewehrmunition des letzten Krieges in meinen Händen, die der Fluß mitspülte. Ich sah die Auen und hörte den Wind; den voigtländischen Wind und seine Melodie: »Bis hierhin und nicht weiter.« Verstand diese Rasse aus Thüringern, Sachsen, Franken, Oberpfälzern und Slawen. Und Slawengemisch: Tschechen – Böhmen und Mähren. Hörte den Klang des erzgebirgischen Granits und schmeckte die radiumhaltigen Wasser aus Bad Elster, Bad Brambach, Alexanderbad auf der Zunge. Karlsbad und Marienbad. Mit den

Schlitten über die Höhen und auf der anderen Seite, diese hintereinandergebunden, im Bob, wieder runter. Und spürte das Nägeln an den vor Kälte erstarrten Händen, wenn diese wieder warm wurden. All das war in mir und vielleicht noch anderes. Nur: ich war tot und lag auf einer westdeutschen Straße bei einem Güterbahnhof in Mittelhessen. Mittags kurz nach zwölf. Am 24. Dezember 1974. In meinen Hosentaschen waren zwei Zettel. Auf dem einen stand: Entlassen aus der Gefangenschaft der DDR; auf dem anderen: Das Notaufnahmeverfahren in der BRD ist abgeschlossen. Der Inhaber dieses Papiers ist Bürger der Bundesrepublik Deutschland. Nicht mehr. Zwei Zettel und ein 50-Mark-Schein. Ich wußte nicht, wohin ich gehen wollte und sollte, und auch nicht, wieviel 50 Mark sind. Und deshalb starb ich. Nein, deshalb starb ich nicht. Ein Auto, welches ich nicht gesehen hatte, fuhr mich um. Nahm mich auf die Motorhaube, aufs Dach. Ich rutschte weiter auf den Kofferraum, über die hintere Stoßstange und fiel auf die Straße; mit dem Gesicht nach oben. Nacht war und ich bewußtlos. Da hörte ich etwas; eine Stimme. Eine Mädchenstimme, die beständig immer nur einen Satz sagte: »Bitte, bitte, sei nicht tot.« Ich öffnete die Augen und sah über mir ein Mädchengesicht. Von kastanienbraunen Haaren eingerahmt und mit grünen Augen. Sehr weißen Zähnen und einem verblüfften Ausdruck. »Bitte, bitte, sei nicht tot«, sprach ein leicht rotgeschminkter Mund, und Tränen traten vor die Augen. »Du lebst«, sagte die Stimme und reichte mir eine Hand. »Ich heiße Eva. Und wie heißt du? Wo bist du denn auf einmal hergekommen? Ich habe dich nicht gesehen. Wollte eine Abkürzung über den Güterbahnhof nehmen. Meine letzte Tour. Die letzte Auslieferung. Ich fahre nebenbei Bücher aus und studiere hier in Gießen Jura. Und komme aus Witten an der Ruhr. Deshalb war ich auch in Eile. Denn nach meiner letzten Buchhandlung fahre ich nach Hause, nach Witten, zu meinen Eltern. Morgen ist doch Weihnachten.« »Ja«, sagte ich. Die Hand nehmend, stand ich vom Boden auf. »Morgen ist Weihnachten, und ich habe Geburtstag. Ich werde 23 Jahre alt. Mein Name war: Nummer 75181124.«

Heilige Nacht

Reinhold Batberger
WeihNACHTen

*

Eines unserer europäischen Ämter möchte wissen, was hinter dem Wort *Weihnachten* steckt. Dazu war es für die Damen und Herren eines namenlosen Beamtenteams unumgänglich, meine Spamfilter zu durchlöchern und meine Firewall im Nirvana zu versenken. Veraltetes Zeug, ich weiß, trotzdem hängt man manchmal noch daran. Schließlich wurde ich eine Zeitlang verteidigt, so gut es ging. Außerdem teilt mir das Beamtenteam in drei Sprachen mit, daß es meine Speicher fürsorglich mit einem Suchprogramm kontrolliert hätte, zu meiner eigenen Sicherheit. Ja, *Weihnachten* ist ein Wort aus der deutschen Sprache, vielleicht wissen sie das sogar, die Damen und Herren vom Beamtenteam, deren Namen mir aus Gründen des Persönlichkeitsschutzes nicht genannt werden dürfen. Aber ich weiß natürlich ebenso wenig wie sie, was Weihnachten bedeutet, geschweige denn, wie das Wort ausgesprochen wird, niemand weiß das mehr, denn deutsch spricht schon lange kein Mensch mehr. Das Wort NACHT kenne ich, das Wort kennt jeder, es ist eines der wenigen Wörter deutschen Ursprungs, die es in fast allen Sprachen gibt, wie auch immer es ausgesprochen werden mag. Doch woher weiß das europäische Beamtenteam, daß ich in der deutschen Sprache schreibe? Irgendwann habe ich eine Suchmaschine losgeschickt, prompt findet sie alle paar Wochen einen Menschen, der deutsch schreibt, und jedes Mal stellt sich das als Irrtum heraus. Abstellen läßt sich diese Suchmaschine nicht mehr, und so sucht sie eben weiter und erinnert mich ab und zu an mein absurdes Tun.

Nein, ich denke eher, ich bin im *Programm der Anti-Information* gelandet. Es wurde bekanntlich nach dem Zusammenbruch des Internet, dem legendären 01 entwickelt; inzwischen schlagen wir uns noch mit den Folgen von 04 herum. Manche behaupten, der Hauptschock bestand damals darin, daß man feststellte, wie wenige Informationen man tatsächlich vermißte, nachdem alles weg war. Aber ich bin nicht sicher, daß ich das *Programm der Anti-Information* auch verstehe. Es geht grob gesagt darum, wie man vernichtete Informationen wieder herstellen kann. Das Programm basiert auf der Annahme, daß jede Information nur eine für uns verstehbare Version darstellt und daß sie auch als eine Art dunkle, für uns nicht erkennbare Information existiert. Diese befindet sich in Speichern, die wir nur finden müssen, und was wir dort finden, können wir mit Glück und Können wieder in verstehbare Informationen umwandeln.

Wie das geht, ist nicht meine Sache; ich gehöre jedenfalls zu den Menschen mit einem anachronistischen Speicher, zu dem auch Gehirne gerechnet werden. Das Amt trifft die Auswahl, welches Gehirn geeignet ist als Speicher für vernichtete Informationen, Gehirne, die angezapft werden können, warum auch immer. Kurz gesagt: Mein Gedächtnis gehört offenbar zu den alten Speichern, in denen Antiinformationen vermutet werden, mit denen vernichtete Informationen wiederhergestellt werden sollen. Warum *Weihnachten*: Ich weiß es nicht. Warum *ich*: Ich weiß es nicht. Die einfachsten Tatsachen sehen aus wie eine hundsgemeine Paranoia. Ich soll sagen, was mir bei dem Wort *Weihnachten* einfällt, aus dem Gehirn herausfällt. Aber da ihr eh alles über mich wißt, sehr geehrte Damen und Herren vom europäischen Beamtenteam, ist es auch wieder egal. Die Sonne geht auf, die Sonne geht unter, alles andere ist unklar.

Es ist immer noch Nacht. Ich klettere aus dem Bett, die Schwestern schlafen fest. Das Zimmer wird noch durch die offene Tür zur Küche gewärmt, das Feuer im Herd erloschen. Ich ziehe Wollsocken an und einen Pullover über das Nachthemd. Wir sollten nicht mehr herumgeistern, wenn wir im Bett liegen, manchmal kommt die Mutter ins Zimmer, wenn wir zu laut sind, und dann gibt es Schläge mit dem Kochlöffel. Zuvor läßt sie aber mit sich handeln, wie viele Schläge wir bekommen, nicht mehr als drei und nicht so fest, dafür wehren wir uns auch nicht lange gegen die Schläge. Die Mutter ist müde, hat keine Lust, uns zu verhauen und lange mit uns zu verhandeln, die Großmutter hat sie geschickt, ihre Tochter hat keine Wahl mehr, wir sind alle froh, wenn es vorbei ist. Ich schiebe den Vorhang und die Gardine zur Seite und sehe die sieben Häuser, keines der Fenster beleuchtet. Im Sommer sind nur vier Häuser zu sehen. Ich gehe durch die Küche in den Flur. Am Badezimmer vorbei und am Zimmer der Großmutter. Es ist das kleinste Zimmer, nur ein Bett steht darin und ein Nachtkästchen; bin ich krank, liege ich in diesem Zimmer, und die Großmutter schläft im Bett der Mutter, und die Mutter zieht ins Wohnzimmer um und schläft auf dem Sofa. Dem Bad gegenüber das Zimmer der Mutter, ein Kachelofen beheizt es und auch das Wohnzimmer. Ich öffne leise die Tür, suche die Streichhölzer. Obwohl es verboten ist, zünde ich zwei Kerzen an, eine gibt zu wenig Licht. Vom Nadelbaum, an dem Lametta und Plätzchen und Süßigkeiten hängen und Kerzenstümpfe, breche ich einen Schokoladenkringel ab und esse ihn auf. Dann einige Kokosplätzchen, die ich am liebsten mag, obwohl ich noch vom Vorabend satt bin. Am späten Nachmittag gab es wie immer Kartoffelsalat mit Würstchen, später einen Punsch, den ich nicht mag und der nur einmal im Jahr getrunken wird, wahrscheinlich nur wegen der roten Punschgläser, die neben dem Porzellanfrosch und der Bibel in der Vitrine stehen. Aus dem Kaufladen, der wie die Krippe jedes Jahr aufgebaut wird, esse ich die Schokostreusel und Zuckerkügelchen. An der Krippe gefallen mir die Gipsschafe am besten, weil wir sie überall fressen lassen dürfen, sogar auf dem Krippendach. Mit allen anderen Figuren darf nicht gespielt werden.

Mir ist ein wenig kalt, ich lege die Handflächen an die gelben Kacheln des Ofens und den Körper, sogar eine Gesichtshälfte, dann die andere, die Kacheln sind noch warm. Nach einer Weile gehe ich zur Vitrine, schiebe die Glastür zur Seite und hole den Frosch heraus, nehme ihm den Kopf ab und hole eine Zigarette aus seinem Innern. Eine *Astor* mit Korkmundstück, ich rieche daran, verstaue sie wieder und stelle den Frosch in die Vitrine zurück. Es ist nicht Sommer, wir sitzen nicht auf dem Balkon und bitten unsere Mutter, eine Zigarette zu rauchen, um die Mücken zu vertreiben, angeblich. Wir lieben es, wenn unsere Mutter eine Zigarette raucht, einmal im Sommer auf dem Balkon. Jetzt ist es Winter, unsere Mutter raucht nicht im Winter, aber die Nacht ist auch nicht schlecht. Jedes Jahr im Winter gibt es einen Nadelbaum im Wohnzimmer, den Kaufladen, die Krippe und Geschenke.

In dieser Winternacht bekam ich mehr Geschenke als im letzten Jahr. Zuerst das Tier, einen Löwen, ein Steifftier mit beweglichen Beinen. Die Großmutter hat Haustiere verboten, seit der Nachbarhund zwei unserer Katzen totgebissen hat, deshalb bekomme ich jedes Jahr ein Steifftier. Den Bär hatte ich schon vor dem Tod der Katzen, dann kamen ein Elefant und ein Kamel dazu. Ein Buch und ein Mäppchen aus Kunstleder mit Stiften, Radiergummi, Bleistiftspitzer, einem Federhalter und in einem Döschen zwei *Cito Fein*-Schreibfedern, obwohl ich erst im nächsten Herbst in die Schule komme. Und natürlich das Schachspiel von meinem Vater. Er ist dieses Jahr wieder nicht gekommen, nur die Mutter glaubt das noch, meine Schwestern und ich glauben das nicht mehr. Meinetwegen braucht er nicht zu kommen. In der ganzen Nachbarschaft und den sieben Häusern gibt es nur zwei Männer, den alten Herrn Peter und den jungen Herrn Peter, sonst nur Frauen und Mütter ohne Männer. Niemand hat hier einen Vater, außer dem jungen Herrn Peter, der auch keine Kinder hat. Entweder sind die Väter weggelaufen oder nicht mehr aus dem Krieg zurückgekehrt. Und außer mir nur Mädchen. Brigitte, Ingrid und Karin, meine Freundinnen, sie bekommen vielleicht bald einen neuen Vater und neue Namen. Im Paket vom Vater waren zwei Mäntel für die Mutter und die Großmutter, die beide nicht passen, und zwei Pullis für die Schwestern, die ihnen nicht gefallen. Ich habe mir von ihm ein Schachspiel gewünscht, weil ich im Krankenhaus Schach gelernt habe. Im Krankensaal lagen achtzehn Männer und zwei Jungen, einige der Männer spielten jeden Tag Schach, und ich schaute ihnen zu.

Ich stelle die Figuren auf und wähle Schwarz, der andere, der bin ich auch, beginnt mit Weiß. Mir ist kalt. Ich schaue wieder aus dem Fenster: Immer noch keine Lichter. Der Schnee ist blau. Am liebsten würde ich zu meiner Mutter ins Bett, da ist es warm. Aber sie erlaubt es nicht. Außer ich habe böse geträumt. Ich wache auf, laufe in ihr Zimmer und sage, erst leise, dann immer lauter, bis sie wach wird: Ich habe böse geträumt, und sie sagt: Erzähl es mir nicht und gib Ruhe, und ich darf zu ihr ins Bett. Ich darf mich aber nicht an sie schmiegen, sonst kann sie nicht schlafen. Ich schlage nämlich im Schlaf um mich und wecke sie auf, sagt sie. Ich lege mich also ganz vorsichtig so nah zu ihr, wie es nur geht, um sie nicht aufzuwecken und um sie trotzdem zu riechen. Nachts riecht meine Mutter am besten. Dann schlafe ich ein. Aber heute kann ich mich nicht zu ihr ins Bett legen. Heute habe ich nicht böse geträumt.

Jetzt wird das in eine vom Beamtenteam autorisierte Sprache übersetzt. Und dann ab nach Brüssel. Vor langer Zeit hätte man gesagt: Die Spur ist gelegt, wir nehmen Witterung auf. Heute nimmt niemand Witterung auf. Heute retten die Suchmaschinen die Welt.

Clemens J. Setz
Zauberlehrling

1

Daniela stand am Fenster und schaute hinunter auf jene mysteriöse dunkle Stelle am Gehsteig, die jeden, der sie passierte, kurz unsichtbar werden ließ. Den Effekt erzeugte eine kaputte Straßenlaterne, bei weitem nicht die einzige in dieser Gegend.

Jetzt verschwand für einen Moment lang eine Mutter mit einem Kinderwagen. Wenig später eine junge Frau mit einer pendelnden Handtasche.

Danielas Sohn Christopher lief an ihr vorbei. Sie spürte den Luftzug.

– Brauchst du noch was?, fragte sie.

Er antwortete nicht, sondern kramte hinter ihr auf dem Fernsehtisch. Nachdem er gefunden hatte, wonach er suchte, rannte er zurück in sein Zimmer. Wahrscheinlich Batterien, wie immer. Sie hörte die Melodie eines Videospiels aufjaulen, dann fiel die Tür ins Schloss. Wann hatte sie die letzte intelligente Unterhaltung mit Christopher geführt? Es musste einige Jahre her sein. Vielleicht damals, als er in ihrem Bauch gewesen war, eine kleine, zusammengeballte menschliche Maus, die mit der Stirn ständig auf ihre Blase drückte. Sie hatte oft viele Stunden mit ihrem Bauch gesprochen, meist über sehr verstiegene und abstrakte Themen.

Ein alter Mann mit zwei Einkaufstaschen trat in die dunkle Stelle, verschwand, tauchte aber nicht mehr auf. Daniela trat näher ans Fenster, verschmolz mit ihrem eigenen Spiegelbild und beschirmte ihre Augen mit den Händen. War er noch da? Ja, da war er, am linken Rand des unbeleuchteten Fleckens konnte sie seine Form erkennen. Er war einfach stehen geblieben.

Dann plötzlich überquerte er die Straße, ging auf ihr Haus zu, sie reckte den Kopf so weit es ging, aber irgendwann trat er in den toten Winkel. Wie bei fetten Menschen, die ihre eigenen Genitalien nicht mehr sehen, dachte Daniela.

Sie blickte sich um. Unter der Kinderzimmertür verlief ein schmaler Lichtstreifen. Sie ging ins Vorzimmer, nahm ihre Jacke vom Kleiderständer und ging aus der Wohnung. Beim Schließen der Tür passte sie auf, keinen Lärm zu machen.

Das Hochhaus hatte fünfundzwanzig Stockwerke – relativ viel für diese Stadt. Sie rannte einige Etagen hinauf, dann hinunter. Treppauf, treppab. Bis sie völlig außer Atem wieder vor ihrer Wohnungstür ankam. Der Schweiß hatte noch keine Zeit gehabt, aus ihren Poren zu treten. Erst nachdem sie zurück in die Wohnung geschlüpft war und die Jacke wieder an die Garderobe gehängt hatte, kamen die ersten Tropfen. Sie wischte sie mit dem Ärmel von ihrer Schläfe. Daniela keuchte, und ihr Körper war laut und wach, aber sie bemühte sich, keine allzu auffälligen Geräusche zu machen. Es war ein Spiel, eine Art sportlicher Herausforderung, die Wohnung zu verlassen, ohne dass

Christopher etwas davon bemerkte. Sie tat es schon seit Jahren. Und bisher war es nur vier Mal schiefgegangen: Christopher mit zitternder Unterlippe, hysterischem Blick, vor der Tür auf sie wartend. *Ich war nur kurz unten beim Postkasten.*

Aber heute Abend war das Spiel gar keines. Vor ein paar Stunden hatte Christopher einen neuen kleinen Baustein für seine Playstation bekommen, hurra, was für eine Überraschung, *Red Prince 2.* Ein dummes Prügelspiel, bei dem man seine Gegner durch Labyrinthe verfolgen und nach der Reihe umbringen musste.

Daniela stellte sich zurück ans Fenster und wartete.

Auf dem Tisch stand der winzige Christbaum, etwa so hoch wie ein Barbiepuppen-Ferienhaus. Daniela hatte nichts bekommen, das war normal, das hatte sie auch nicht anders erwartet. Gut, die E-Mail von Jörg, die hatte sie vor ein paar Stunden in ihrer Mailbox entdeckt. Aber das war auch nichts Reales, denn wenn sie den Laptop ausschaltete, existierte die Nachricht nicht mehr. Die Frage, wo sich die Mail von Jörg bei ausgeschaltetem Computer befand, war wie diese lästige Überlegung mit der einzelnen Hand, die ganz allein in einem Wald klatscht, ohne dass jemand da ist, der sie hört, oder wie immer dieser Zen-Schwachsinn formuliert war, diese metaphysischen Fragestellungen, mit denen die schwitzenden Langweiler auf den Uni-Partys vor zwanzig Jahren immer vor den Studentinnen angegeben hatten ... Daniela erinnerte sich, dass in ihrer Klasse einer gewesen war, mein Gott, wie hatte der geheißen, jedenfalls konnte der

tatsächlich mit einer Hand klatschen, das heißt, wirklich, er konnte seine Hand so flappen lassen, und das ergab dann ein relativ lautes Klatschgeräusch, und das führte er überall vor, als wäre es eine unglaubliche Attraktion, und irgendwann war allen klar, dass er es eindeutig zu oft vorzeigte, weil er eben sonst nichts konnte, weil sein Leben vollkommen leer und uninteressant war, und weil er sich viel zu früh auf diese eine lächerliche Fähigkeit als *Mein Ding* festgelegt hatte, der arme Kerl, sogar auf der Maturafeier hatte er es noch vorgeführt, halb betrunken, sein Name war irgendwas mit M, Michael, Markus, und Daniela hätte gerne gewusst, was aus ihm geworden war, aber sie konnte ja nicht einmal sein Gesicht deutlich vor sich sehen, wenn sie an ihn dachte, und überhaupt war diese ganze Zeit wirklich schon sehr weit weg und hatte auf ihr momentanes Leben ungefähr so viel Auswirkung wie die Rückseite des Mondes, wo in den Kratern diese Alien-Stationen der NASA herumstanden, sie hatte im Internet Fotoaufnahmen davon gesehen, lauter unscharfes, grobkörniges Zeug.
Sie blickte auf die Uhr.
Heute ging sich noch eine zweite Runde aus.

2

Er merkte ganz genau, wann die Wohnung still wurde, auch wenn sich der Sound von *Red Prince 2* in seinen Kopfhörern nicht veränderte. Es passierte dann irgendwas mit dem Licht, eine Verschiebung des Spektrums ins Blaue, er musste häufiger blinzeln, und das Problem in der Brust begann.

Sie tat es, seit er sieben Jahre alt war. Verschwand einfach ab und zu, blieb mitten in der Nacht für kürzere oder längere Zeit fort und war unauffindbar, dann kam sie wieder, bisher noch jedes Mal. Und man durfte sie nicht fragen, wo sie gewesen war, sonst konnte man den Tag vergessen. Dann gab es nur diesen verdutzten Blick, und später hatte man keine Sekunde Ruhe, weil sie sich andauernd entschuldigte.

Anfangs hatte er den Fehler gemacht, auf sie zu warten. Er war auf der Couch gesessen, von der aus man die Wohnungstür beobachten konnte. Und das Schlimmste: Er hatte seine Angst gezeigt. Oder seine Erleichterung, dass sie wieder da war. Eines von beiden. Jedenfalls ein großer Fehler.

Viel sinnvoller war es, ruhig zu bleiben. Um das zu schaffen, brauchte man im Grunde nicht viel mehr als eine kleine Flasche Mineralwasser, ein paar Cracker in einer Müslischale und eine verlässlich funktionierende Playstation. So konnte man ohne Probleme jede beliebige Nacht von durchschnittlicher Länge überstehen. Gut, manche Nächte waren länger, vor allem im Winter, aber meist kam es auf ein paar zusätzliche Stunden nicht an. Am nächsten Morgen erschien dann zwar alles ein wenig verschoben und unwirklich – der Anblick einer Zimmerpflanze in ihrem Topf, wie ein außerirdisches Lebewesen vom Mars –, aber auch daran gewöhnte man sich mit der Zeit. Alles, was Christopher in seinen blauen Nächten noch Sorgen bereitete, war die Gefahr von Stromausfällen. Sie kamen in dieser Gegend leider sehr häufig vor. Besonders um die Zeit der Feiertage.

Vermutlich deshalb, weil da alle Menschen zuhause saßen und nachts das Licht brennen ließen. Ein Stromausfall war das Schlimmste, was passieren konnte. Er hatte zwar einen Gameboy, der mit Batterien lief, aber damit ließ sich keine ganze Nacht bestreiten. Das Display war dafür einfach zu klein.

Mit *Tekken 5* waren die Stunden bisher immer am schnellsten vergangen, ein Fast-Forward-Schalter, und man musste nur aufpassen, nicht zu oft zu sterben, da das Spiel sonst von vorne begann, mit dem Begrüßungsbild, das aufleuchtete und dann wieder verschwand, und dann kamen die Credits und dann erst das Menü, wo man *PLAY!* auswählen konnte. Dieses Menü hatte keine Hintergrundmelodie, also kehrten für einen Augenblick die Stille und die erdrückende Größe des Bezirks und der ganzen Stadt ins Zimmer zurück, die Präsenz der unsichtbaren Nachbarhäuser, und man musste einen Ton summen oder zischende Geräusche mit den Lippen machen, um entspannt und konzentriert zu bleiben.

3

Der dunkle Fleck am Gehsteig sah, aus der Nähe betrachtet, vollkommen anders aus. Und wenn man hineintrat, hatte man gar nicht das Gefühl, unsichtbar zu sein. Daniela stellte sich dorthin, wo vorher der alte Mann stehen geblieben war. Es hatte wieder ein wenig zu schneien begonnen, und sie hatte vergessen, Handschuhe anzuziehen. Aber was machte das schon, sie konnte ja jederzeit zurück in ihre Wohnung gehen.

Sie schaute hoch zu dem hell erleuchteten Fenster im siebenten Stock, an dem sie vor wenigen Minuten noch selbst gestanden hatte, eine filigrane, von Licht umhüllte Erscheinung wie ein Moskito im Bernstein.

Sie blickte nach links und rechts. Das Licht der anderen Straßenlaternen war nicht sehr weit entfernt. Sie fühlte den schwachen Widerschein auf ihrem Körper, und doch – ihr Blick von oben herab auf diese Stelle hatte gezeigt, dass sie sehr wohl unsichtbar war. Die schwarze Mauer hinter ihr hatte damit zu tun. Außerdem lag nicht mehr viel Schnee.

Was Christopher wohl gerade machte? Er spielte sein geisteskrankes Spiel, was sonst, machte Zischgeräusche mit dem Mund, wippte autistisch hin und her, und seine kurzen, fetten Finger flogen über den Spielcontroller. Manchmal, wenn er ein Level geschafft oder einen Endboss oder was auch immer besiegt hatte, kam er zu ihr in die Küche gerannt und erzählte ihr davon, als wüsste sie, worum es ging. Er beschrieb dann immer den heldenhaften Kampf, den seine Spielfigur hinter sich hatte, und als er fertig war, drehte er sich um – seine Augen waren die ganze Zeit über weit aufgerissen und schielten leicht – und ging zurück zu seinem Spiel. Den ganzen Tag ging das so. Jetzt, in den Weihnachtsferien, war es besonders schlimm. Daniela hatte einmal versucht, einen Stromausfall zu simulieren. Christopher hatte ja keine Ahnung von den Schaltern im Sicherungskasten, und als sie den Notschalter umlegte und die Wohnung damit in winterliches Dämmerlicht tauchte, kam er aus seinem Zimmer gerannt, schrie und weinte, sie müsse sofort etwas unternehmen, er sei gerade kurz davor gewesen, die blaue Schlüsselkarte zu bekommen.

Sie hatte sich vor den Sicherungskasten gestellt und so getan, als probiere sie einige Schalter aus. So ein Pech, die funktionierten alle nicht. Sie sagte ihm, das Problem müsse wohl an einer unterbrochenen Leitung liegen. Das könnte ein wenig dauern.

Mit der Heftigkeit von Christophers Reaktion hatte sie nicht gerechnet. Er heulte nicht, er würgte, sein Körper krümmte sich, und es sah so aus, als wollte er sich erbrechen, dann rannte er in sein Zimmer und schlug dort den Kopf gegen die Wand. Tatsächlich: den Kopf gegen die Wand. Mehrere Male. Daniela war sprachlos. Mit offenem Mund stand sie da und wusste nicht, was sie tun sollte. Vielleicht sollte sie mit ihm ins Krankenhaus fahren? Ihn mit kaltem Wasser übergießen? Oder sollte sie ihm einfach eine Ohrfeige verpassen und ihn in seinem Elend allein lassen?

Minuten später saß sie bei Christopher im Zimmer und hatte seinen Kopf auf den Knien. Sie streichelte seine Schläfen und redete ihm gut zu. Er reagierte nicht auf ihre Zärtlichkeiten, sondern schaute sie nur mit dem flehenden Blick eines Tieres an, dessen Pfote in einem Tellereisen feststeckt.

Sie ließ ihn allein und ging zum Sicherungskasten. Bevor sie den Notschalter wieder zurück in seine ursprüngliche Position brachte, trommelte sie noch ein wenig mit den Fingernägeln über das Blech. Als das Licht wieder da war, hörte sie ein Geräusch aus dem

Kinderzimmer, das – sie hasste sich für diesen Gedanken – eindeutig wie das Glucksen eines Neugeborenen klang. Sie hatte Christopher noch nie so gehasst wie in diesem Augenblick. Sie registrierte diesen Hass, war sich seiner Intensität bewusst. Das war gefährlich, das musste sie sich merken, sozusagen als Wegmarkierung. Denn ihr war klar, dass der Hass wieder verrauchen, dass der Moment vorübergehen würde.

4

Das muss schlimm gewesen sein, stell dir vor, in einer Zeit zu leben ohne Schmerzmittel. Im Geschichtsunterricht hatte Frau Jaklitsch ihnen erzählt, wie die Verletzten in Solferino auf dem Schachtfeld herumgekrochen waren. So etwas war vorher noch nie vorgekommen in der Geschichte, so viele auf einem Haufen und dann auch noch die fehlende Hygiene und der Wundbrand und die Amputationen ohne Betäubung, die Knochensägen und die großen Schlachtengemälde. Heute war das natürlich ganz anders, sogar das Spiel hier, jeder einzelne seiner Bestandteile war eindeutig auf Trost programmiert. Zum Beispiel die Gesichter, die am oberen Bildschirmrand flimmerten, so wie man sich vorstellt, dass Eltern aussehen, die im Himmel sind und von oben herunterblicken – oder auch dieser Balkon, auf dem man von jeder Verfolgungsjagd, egal in welchem Level man war, ausruhen konnte, die stille Häuserfront vor Augen, und auf jedem dieser anderen pixeligen Balkone bewegte sich irgendwas, ein Windrad, ein Vogel in einem Käfig, eine Menschensilhouette. Es war alles wunderbar eingerichtet, auch diese Figur am Anfang, die man überwinden musste, die mit den Motorsägen. Die sahen nämlich überhaupt nicht wie wirkliche Motorsägen aus, sondern eher wie Zeichentrick-Motorsägen, und deshalb hatte man auch überhaupt keine Angst vor ihnen. Das Spiel gab einem zu verstehen: Hey, schau dir das an, ein Typ, der mit Motorsägen jongliert und dir den Kopf absäbeln will, kann auch ganz lustig ausschauen, es gibt nichts wirklich Gruseliges an ihm und erst recht nicht an seinen knatternden Utensilien, die immer wieder aus der Luft nachwuchsen, nachdem man eine davon aus dem Weg gekickt hatte. Sie waren überhaupt nicht gefährlich. Klar, wenn der Kopf weg war, dann ging man ein und kam wieder, blinkend und etwas unsicher, wie immer, wenn man vom Ende zurück an den Anfang sprang, das war nur natürlich, dieses Durchscheinende, das konnte man verstehen. Und dann das Krokodil. Ganz ehrlich: Wer hatte heute noch Angst vor einem Krokodil? Und dann war das auch noch so grasgrün, so wie dieses Lacoste-Logo, oder eigentlich mehr wie der WC-Reiniger, der im Bad auf dem Spülkasten der Toilette stand. Ja, apropos – aufs Klo gehen, das konnte zum Problem werden wegen der Straßengeräusche und der durch die Nacht fahrenden Autos und so weiter, aber man konnte dem vorbeugen, indem man einfach nicht so viel trank, was freilich auch wieder keine so gute Idee war, wenn man es übertrieb. Man musste also auf jeden Fall aufpassen, sonst kamen die Schwindelattacken, und dann war es mit dem Spielen sowieso vorbei, weil, konzentrier dich mal auf ein Level, während sich der ganze Raum im Kreis dreht, das kannst du sofort vergessen, macht alles nur noch lauter und schlimmer, als es sowieso schon ist. Nein, eine kleine Flasche Mineralwasser mild. 0,3 Liter pro Nacht, wirklich langsam ausgetrunken, Schluck für Schluck, das war das Beste, dazu konnte man stehen, und man musste erst so gegen vier Uhr in der Früh aufs Klo, und da war dann meist schon das Schnarchen aus dem Schlafzimmer zu hören. Der Himmel war zwar noch nicht da, aber man konnte problemlos durch die ganze Wohnung gehen, die Wände rückten nicht zusammen, und auch die Bilder waren nicht wie Secret Entrances, hinter denen Wächterhornissen warteten. Ein Stich von denen und du läufst blau an von Kopf bis Fuß, und du krümmst dich, als hätten sich deine Darmschlingen verknotet, innerlich. Und das Röcheln am Ende war das Schlimmste, da war es klug, ein Zischgeräusch drüberzulegen, man musste ja nicht alles hören auf der Welt. Erleichtert kommt man vom Bad zurück, und das Schnarchen ist zu hören, und die Fenster sind schwarz wie das Innere einer Nadel, und das Herz geht wunderbar regelmäßig, ohne Aussetzer einfach so dahin geht es, und man denkt, während man sich auf die Zimmertür zubewegt, an diese absolut genialen Erfindungen wie *Red Prince 2* oder *Tekken 5* oder *Wild Epiphany* oder *Sorcerer's Apprentice* mit so einem angenehmen Gefühl, so wie einer, der von ganz weit in der Zukunft zurückdenkt in die Gegenwart, wo er noch jung war und zufriedener mit sich als jetzt.

5

Als sie zurück in der Wohnung war, machte sie einen kleinen Kontrollgang durch einige Zimmer. Alles unverändert. Was hatte sie auch erwartet? Sie konnte ruhig schlafen gehen, Christopher würde sie erst am nächsten Morgen vermissen, so gegen elf Uhr, wenn er sein Frühstück haben wollte. Irgendwann gegen vier Uhr morgens hörte er meist mit dem Spielen auf und legte sich, so wie er war, ins Bett. Die Gamepads blieben auf der Decke, oder er warf sie auf den Fußboden neben das Bett, je nachdem, wie erschöpft er war.
Ich könnte genauso gut die ganze Nacht irgendwo anders verbringen, dachte Daniela und musste über diesen Gedanken lachen. Sie hielt sich eine Hand vor den Mund.
Was hatte am 24. Dezember um diese Zeit noch offen? Ihr war nicht nach einer Kneipe, in der wildfremde verlorene Menschen herumhingen.

Einfach die Straße rauf, ein, zwei Häuserblocks, dann kam man zum *Etap Hotel*. Man konnte von hier aus sogar noch das erleuchtete Wohnzimmerfenster im siebenten Stock erkennen. Na ja, erahnen. Eine Nacht – 29 €. Daniela war aufgeregt, aber der Point of No Return war schon überschritten, irgendwo da hinten bei der gelb blinkenden Ampel war er gewesen, ein kleiner, konzentrierter Punkt in der Luft, und jetzt konnte sie wirklich nicht mehr zurück, es wäre eine entsetzliche Niederlage gewesen.
Sie gab an, direkt aus Wien gekommen zu sein und den Anschlusszug verpasst zu haben. Der Mann an

der Rezeption interessierte sich überhaupt nicht dafür, aber er nickte. Er nahm ihr Geld entgegen und gab ihr einen Schlüssel.
So einfach ging das, Daniela war ganz verzaubert. Wie in einem dichten Wirbel aus Schneeflocken taumelte sie durch den Empfangsbereich, dann die Treppe hoch. Adventkalenderartig nummerierte Türen zogen an ihr vorbei, und sie hätte jede einzelne von ihnen aufmachen wollen, um zu sehen, welche Überraschungen dahinter auf sie warteten.
Erst im zweiten Stock befiel sie eine plötzliche Panik, und sie überlegte, wie sie am schnellsten wieder zurück in ihre Wohnung kommen konnte. Sollte sie den Lift nehmen? Oder einfach durchs Treppenhaus hinunterlaufen? Aber ihre Füße taten schon weh, heute Nacht war sie relativ viel gelaufen. Und so weit war sie überhaupt noch nie gekommen. Es fühlte sich wie ein space walk an, ein Astronaut an seiner Nabelschnur, außerhalb der ISS, repariert ein lebensnotwendiges Gerät, und dabei sahen sie immer so tiefgefroren aus in ihren weißen Anzügen, wie musste sich das wohl anfühlen ... Sie stand vor der Zimmertür, die man mit der magischen Karte in ihrer Hand öffnen konnte. Die Panik war verschwunden. Eine angenehme Wärme und Wachheit in ihrem Kopf war geblieben. Aus irgendeinem Grund freute sie sich auf den Hotelzimmer-Fernseher, auf das Programm, das in dieser Nacht gesendet wurde.

Die ganze Nacht hörte sie das zischende Geräusch eines Lüftungs- oder Heizungsrohrs in der Wand. Sie fand keinen Schlaf, aber das war in Ordnung. Deswegen war sie ja nicht gekommen. Um fünf Uhr früh würde sie auschecken und in die Wohnung zurückgehen und eine Million Punkte gewinnen, ein absolut majestätisches game over, mein lieber Mann ...

Die Nacht vor den Fenstern war ungewöhnlich hell, der Schnee war noch nicht auf allen Dächern geschmolzen. Über ihr an der Zimmerdecke hing ein Rauchmelder, der alle paar Sekunden blinkte. Manchmal fielen ihr die Augen zu, dann kam auch die Angst zurück und der Wunsch, Hals über Kopf zurückzulaufen. Aber dann dachte sie an die durch die Tür des Kinderzimmers dringenden Baller- und Sterbegeräusche, die Explosionen und das immergleiche Triumphgedudel, wenn eine nächste Stufe erreicht war. Diese widerliche Spielart vollkommener Stille.

Der Rauchmelder blinkte.

Der Fernseher im Zimmer war ein uraltes Modell mit knisterndem Bildschirm und einer Fernbedienung, die aussah, als hätte ein Hund versucht, sie mit den Zähnen zu bedienen. Im Fernsehen lief *Blues Brothers*, auf einem anderen Sender ein Film mit Will Smith. Der Teletext funktionierte nicht.

Im Badezimmer war das zischende Geräusch noch deutlicher zu hören. Daniela setzte sich auf die Klobrille und blickte sich um. Das Badezimmer war so klein, dass sie sich mit der Stirn an das Waschbecken lehnen konnte. Angenehm kühl. Wie die still und starr ruhende Oberfläche eines Sees.

Dann lag sie im Bett und hatte ihre Augen geschlossen, als das Zimmer dunkel wurde. Das zischende

Geräusch in den Wänden verstummte erst eine Minute später.

6

Die Himmelsgrafiken waren in fast allen Spielen großartig programmiert. Ob detailreich oder nicht, es fehlte fast nie an Wolken, und die meiste Zeit war sowieso ein ewiger Tag, wie auch bei *Red Prince 2*. Nur in einem Level bisher war es richtig dunkel gewesen, nämlich da, wo man mit einer Taschenlampe durch ein verlassenes Armeehospital laufen musste, und die Feinde versteckten sich hinter irgendwelchen Ecken, aber auch da hatten die Programmierer des Spiels ein Einsehen gehabt und es so eingerichtet, dass das Gesicht des Monsters immer in dem Augenblick, wenn man die Taschenlampe darauf richtete, kurz einfror und diese ulkige Ich-bin-ertappt-Grimasse zeigte. Solche kleinen aufmunternden Details waren überall versteckt, in allen brutalen Spielen, wer weiß, woher das kam, man hatte wahrscheinlich irgendwann Ende der Neunziger eingesehen, dass das so nicht weitergehen konnte mit all den Schulmassakern und den Kindern, die wirklich, also das heißt in Wirklichkeit, durchdrehten vor dem Bildschirm und dann irgendwelchen Unsinn machten, zum Beispiel nachts ihre Geschwister erwürgten, wie in dem einen Fall in Holland, oder Flugversuche vom Dach eines hohen Gebäudes, oder was weiß ich. Und dann, na ja, gut, auch dieses Level hier, wo immer Sonnenuntergang war, diese langen roten Streifen am Himmel und auch die Musik irgendwie faul zurückgelehnt, so ein

Gedudel wie in den Kaufhäusern um diese Zeit des Jahres, und das Gepixel da am oberen Rand des Bildschirms, das sollte wohl Schnee darstellen. Klar, auch das war natürlich tröstlich, da kannten sich die Programmierer aus, Schnee ist immer das, was von oben her tröstet, das war schon in der Antike so. Sieht man vor allem daran, wie Statuen aussehen, die beschneit worden sind. Und in der Antike gab es auch schon Statuen, also wussten die, dass das natürlich das Schönste an Statuen ist, die Hauben, die sie bekommen, wenn es Winter ist. Schnee war eigentlich immer willkommen. Außer, ja klar, in Stalingrad. Aber Gott sei Dank war nicht jeder so kriegsversessen wie die Frau Jaklitsch. Die Programmierer von diesem Level (Warum wusste man eigentlich ihre Namen nicht? Man müsste ihnen doch Briefe schreiben können.) kannten sich jedenfalls mit Schnee aus, der rieselte auch genau so, wie man sich das immer vorstellt, also das heißt jetzt: klischeehaft, aber gut, nämlich genau im richtigen Links-rechts-Rhythmus der Flocken, und dann blieb auch noch ein bisschen was liegen, auf Autodächern hauptsächlich, denn das war natürlich ein Level im Freien, wie überhaupt die meisten in *Red Prince 2*, wie gesagt: das Armeehospital war eine Anomalie, wahrscheinlich ein Versehen.
Christophers Finger lag gerade auf dem Δ-Knopf, als der Bildschirm dunkel wurde. Okay, okay, okay, noch mal von vorne, ein Glitch im Spiel, es hat sich aufgehängt, und das Ding startet neu. Zur Sicherheit vielleicht ein Summgeräusch machen. Die Kopfhörer hielten dann den Schall drinnen, und der ganze Schä-

del füllte sich damit. *Mmmmmmh.* Immer noch kein Anfangsbildschirm. Er warf den Controller weg und rannte zur Playstation. Erst jetzt fiel ihm auf, dass auch das Nachtlicht neben dem Bett nicht mehr brannte. Er probierte den Schalter.
Das ganze Zimmer dunkel, das durfte nicht passieren, das war ein verdammtes Blackout, und das heute, ausgerechnet, er musste zum Sicherungskasten. Da gab es Schalter, die bei einem Stromausfall nach unten zeigten statt nach oben, einmal hatte er es gesehen, und der Hauptschalter, der einfach so dahing wie eine dieser ekligen Larven in den hohen Zimmerecken, war der richtige –
Als er aus seinem Zimmer in den Korridor ging, schlug sein Herz furchtbar laut, Adrenalin und alles, das ganze Programm. Aber er durfte sich nicht verrückt machen lassen, er musste sich an die Hinweise halten, die es gab, denn immerhin war das hier eine Stadt, die war genauso von Menschen gebaut worden wie die Spiele. Auch in Städten und Gebäuden und Wohnungen versteckten sich solche Dinge wie in *Red Prince 2* oder *Wild Epiphany*, kleine Details, an denen man erkennen konnte, dass das ganze Universum eben nicht von allen guten Geistern verlassen worden war, sondern jemand war noch da und passte auf.
Der Schein der Taschenlampe auf dem Sicherungskasten. Er musste auf den Zehenspitzen stehen, um ihn zu öffnen. Mein Gott, Schalter, Schalter, Schalter, einer wie der andere. Und nicht einmal beschriftet. Ein Cursor wäre jetzt das Richtige, der würde sich verwandeln, wenn er über dem richtigen Schalter

schwebt, in eine Hand, oder zumindest bläulich anlaufen würde er, und selbst wenn man es wüsste, Scheiße, er brauchte einen Stuhl, um da ranzukommen. Als er sich vom Sicherungskasten abwandte, passierte etwas, er verlor den Kampf gegen das, was eigentlich die Standardeinstellung in seinem Kopf verlangte, es ging einfach nicht mehr, er hatte verloren und heulte und war in der *Mamaa!-Mamaaa!*-Hölle und hockte mit dem Rücken zur Wand im Vorzimmer, und die Taschenlampe strahlte ihm ins Gesicht und stand vor ihm wie das Gewehr in diesem Film, wo sich der fette Soldat in den Mund schießt, weil er den Druck nicht mehr aushält. Er richtete die Taschenlampe in eine Ecke. Ein runder Spot erschien. So wie beim Delfin, dem dritten Endboss von *Wild Epiphany*, der war nämlich wirklich gespenstisch, er heftete sich an deine Seite und nagte an deiner Leber, und es gab keine Möglichkeit, ihn abzuschütteln oder sonstwie loszuwerden, er nagte einem einfach die Leber und die Lebensenergie weg und produzierte dabei ein fürchterliches Geräusch, wie Marschmusik, die von einem Faxgerät gespielt wird, ein rhythmisches Zirpen von Roboterinsekten, wirklich schrecklich, aber man konnte es aushalten, man konnte – Christopher bemerkte, dass er nicht mehr weinte. Er hatte es abschalten können. Das war ihm jetzt schon zwei Mal passiert in diesem Jahr. Ein merkwürdiger Effekt, vielleicht gefährlich, vielleicht ein Zeichen für einen Tumor im Kopf oder so. Seine Mutter redete oft von solchen Sachen, dass Menschen krank wurden und sich ihr Verhalten plötzlich änderte. Er hatte es ein-

fach abschalten können, nicht nur auf Pause, *Hold*, sondern total aus.
Er stand auf. Aus, ein, dachte er. *Binary Virus*. Er richtete die Taschenlampe auf die Wohnungstür, die Mäntel daneben, das Schlüsselbrett.

7

Es gab nur noch ein paar verirrte Lichter, wer weiß aus welcher Stromquelle gespeist, in Einfahrten oder am Giebel von Hausdächern. Der Fernseher war stumm, ebenso die Wand, das Zimmer dunkel. Im Hotelkorridor wurden Stimmen laut.
Daniela lief an ihnen vorbei.
Unten auf der Straße war kein Mensch zu sehen. Die Ampel, die zu blinken aufgehört hatte, hing schwarz da wie ein kleines, altes Kriegsding mit heruntergeklapptem Visier.
Daniela überquerte die Straße. Die letzten paar Schritte zur Haustür ging sie langsamer. Sie musste den Lift meiden, er war wahrscheinlich immer noch verstopft. Wirklich grotesk, diese komische stumme Familie aus dem achten Stock hatte versucht, ihren Weihnachtsbaum mit dem Lift zu transportieren, und natürlich war es eine von diesen angeberischen Riesentannen gewesen, die eine halbe Tonne wogen und so scharf und aufdringlich nach Wald rochen, und dann war der Baum zur Seite gekippt und hatte sich im Schacht verklemmt, man kennt das sonst nur aus Fernsehserien, aber da ist es natürlich immer ein menschlicher Arm oder Kopf, dachte Daniela, der irgendwo feststeckt, und dann kommt es zur Tragödie,

und traumatisierte Kinder finden den abgetrennten menschlichen Baustein und werden dann auch noch interviewt in ihrem grenzenlosen Elend.

Aber egal, sie musste zurück in die Wohnung, und, mein Gott, in welcher Verfassung würde sie Christopher wohl vorfinden, hatte er sich irgendwo verkrochen, oder war er total durchgedreht oder – sie musste kurz verschnaufen, wozu hetzen, davon kam der Strom auch nicht wieder, dritter Stock, na ja, sie konnte eben nicht mehr, musste warten, verschnaufen. Bin ja gleich da.

Sie hörte das Geräusch des Lifts, also fuhr er wieder, sie hatten das Tannengestrüpp daraus entfernt. Und merkwürdig, aus der Kabine leuchtete es, als wäre dort eine Lichtquelle. Nur einen Augenblick war es sichtbar gewesen, vielleicht eine Täuschung, eine Reflexion des Treppenhauslichts im vorbeigleitenden Aufzug, komisch ... Aber jetzt weiter, wozu hier die halbe Nacht herumstehen und nachdenken, Treppenstufen blieben hinter ihr zurück, sie stemmte ihren müden Körper in die Höhe, viele kleine Schritte, und die letzten taten nun wirklich weh, vor allem ihr rechtes Knie, und sie dachte, was für ein schrecklicher Mensch sie war, am Heiligabend einfach in der Gegend herumzurennen, vollkommen sinnlos, sich ein Hotelzimmer zu nehmen, das war doch total geisteskrank, das tat sonst niemand. Sie sperrte die Wohnung auf. Natürlich Dunkelheit.

– Christopher!

Sie tastete auf dem Garderobenschrank nach der Taschenlampe, aber sie war nicht da.

– Christopher! Ich bin da! Der Stromausfall – !
Keine Antwort. Vermutlich saß er irgendwo in einer Ecke und wippte vor und zurück, wie diese behinderten Kinder im Fernsehen es immer machten, und dann kam immer jemand und berührte sie von hinten, und sie hörten auf zu wippen und wurden hysterisch. Ich will nicht mehr, dachte Daniela. Ich will das alles nicht mehr, dieses Wippen, die Zisch- und Explosionsgeräusche vorm Bildschirm, die einsilbigen Antworten. Was ist das für ein Leben? Warum bin ich überhaupt zurückgekommen?
– Christopher! Wo bist du?
Endlich fand sie etwas Brauchbares: die Fahrradlampe, die sie in der Tasche ihrer Joggingjacke aufbewahrte, weil sie sonst immer vom Lenker gestohlen wurde. Sie schaltete sie ein, und sie blinkte, ein weiterer Druck auf den Knopf stellte sie auf ruhiges Dauerlicht, und sie ging von Zimmer zu Zimmer und leuchtete auf die Wände, aber nirgends war etwas zu sehen, das wie ein verängstigtes Häufchen Elend aussah. Von draußen hörte sie Sirenen lauter und wieder leiser werden.
– Christopher?
Er war nicht da, nicht in seinem Zimmer, nicht unter seinem Bett, sie hatte nachgesehen, dort sogar als Allererstes, nicht im Badezimmer und nicht in der Küche, auch nicht unter ihrem Bett oder in irgendeinem Schrank. Er war weg. Fast musste sie lachen, so unglaublich war die Situation. Und dann lachte sie tatsächlich und fand es befreiend und versuchte aufzuhören, weil es nicht in Ordnung war, dass sie es

befreiend fand, aber es ging natürlich nicht, man konnte ein Gefühl nicht einfach so ein- oder ausknipsen. Die Vorstellung war einfach zu komisch: Christopher hatte sich im Augenblick des Stromausfalls in einen kleinen, kompakten Ball aus gebündelter Angst verwandelt und war dann einfach aus der Welt gesprungen, pop!, und war nicht mehr da, weggezaubert, implodiert, durch ein Raum-Zeit-Loch gefallen auf einen Planeten im Andromeda-Nebel, Daniela hatte davon in einem Buch gelesen, die meisten UFOs kamen von dort, manche kamen auch von den Plejaden, das war dieser Sommersprossenfleck am Nachthimmel, vor allem in den späten Siebzigern waren diese Besuche von den Plejadenmenschen häufig gewesen, in erster Linie in Texas und New Mexico, aber auch im Norden Deutschlands, eine Landung hatte es dort gegeben und auch einige Crashs.

– Christopher! Christopher!

Sie rief jetzt nur mehr sehr leise nach ihm. Manchmal überraschte man sich selbst. Heiligabend. Und sie rief mit Mäuse-Piepsestimmchen nach ihrem Kind, das nicht da war. Sie ging zurück in sein Zimmer, und da lagen die Gamecontroller auf dem Boden, eigentlich wie immer, auch die Bettdecke sah nicht zerwühlt aus, kein Kampf, kein Verbrechen. Aber sie musste die Polizei verständigen, das hätte eigentlich ihr erster Gedanke sein sollen, mein Gott, was für eine Nacht. Natürlich funktionierte das Telefon nicht. Was machte man in einem solchen Fall? Die Nachbarn bitten, bestimmt hatte einer von ihnen ein Mobiltelefon. Teufelszeug zwar, man hält es sich an den Kopf und grillt das Hirn mit Krebsstrahlung, sehr klug, tolle Erfindung, außerdem hundertprozentig mitverantwortlich für das weltweite Bienensterben und die seit den späten Neunzigern um den Faktor vierhundert angestiegene Krebsrate in den westlichen Industrieländern, zusammen mit Chemtrails und radioaktiven Stoffen in Milch und Trinkwasser, aber das hier war natürlich ein Notfall, da musste man eine Ausnahme machen.

Also los, noch einmal die Schuhe anziehen, hinaus ins Treppenhaus, und wo am besten klingeln, ja, zuerst beim Hausmeister, für den war es ja ein ganz normaler Tag, *Hallo, Herr Tajeb, Gutemorgen, Frau Fechter,* er hatte einen dichten Moslembart, natürlich auch diesen stechenden Blick, den diese Leute immer hatten, aber insgesamt war er schon in Ordnung, hilfsbereit und auch nicht aufdringlich. Man konnte zu ihm gehen.

Aber Daniela stand immer noch in der Küche. Und nun setzte sie sich hin. Nur kurz verschnaufen. Wieder musste sie lachen, sie konnte nicht anders. Bestimmt hatte er wie ein kleiner schwarzer Ball ausgesehen, kurz bevor er aus der Wirklichkeit gesprungen war.

Hör auf zu kichern, du Monster, sagte sich Daniela. Die Radlampe in ihrer Hand wurde ein wenig schwächer. Sie schaltete sie ab, um Energie zu sparen. Kurz verschnaufen. Dann bemerkte sie das Schneelicht, das durch das Fenster fiel, merkwürdig hell. Und sie sah jetzt auch die Flocken. Es waren viele, es waren Millionen, sie wirbelten durcheinander wie diese winzigen Fische in den Unterwasser-Dokus, wenn irgendwelche Raubtiere mitten durch den Schwarm fuhren. Und dann blitzte es. Ein Winter-Gewitter, gab es so etwas überhaupt? Aber der Lichtschein und auch das Blitzen kamen nicht von draußen, das heißt schon, aber nicht vom Schnee, sondern vom Balkon gegenüber, und auch aus Christophers Zimmer kam das Licht, der Bildschirm war hell, und auch seine Nachtlampe war an, die er immer brauchte, um einschlafen zu können, es war wieder da. Alles war wieder da.

8

Er ging mitten in der Nacht auf der Straße, unglaublich, mit seiner Taschenlampe. Genau wie die ausgebrochenen Patienten in *Wild Epiphany*, die aus diesem roten Turmgebäude, der *Menschenversuchsanstalt des Dr. Edward Bribe*, die schleppten sich auch so total weggetreten und zombiemäßig durch die Straßen, und man musste ihnen den Gnadenschuss geben, jedem Einzelnen, sonst war die Aufgabe nicht erfüllt. Das war allerdings auch ziemlich gefährlich, weil sich diese abgerissenen Gestalten gern in alles Mögliche verwandelten, weil sie eben genetisch umgepolt worden waren in dieser Versuchsanstalt, mit Spritzen und Schädelbohrern und Gammabestrahlungen, bis ihre Atomstruktur anders war als die von normalen Menschen, und sie konnten zum Beispiel einfach so mit einem Hydranten verschmelzen, und dann durfte man sie natürlich nicht mehr abknallen, denn sonst kam diese Wasserfontäne aus der Erde, und man wurde durch den enormen Druck weggeschleudert, Wasser konnte eine ungeheure Kraft entwickeln, wenn es in die Enge getrieben wurde – oder sie verwandelten sich in Hecken und Fahrräder und Litfaßsäulen, und auch dann durfte man sie nicht umbringen oder auch nur bewegen, sie gehörten ja jetzt mit zum Gewebe der Welt, sie hatten einen Platz gefunden, und dafür waren ja auch die Experimente in der Versuchsanstalt gut gewesen, das war so ein Programm der Regierung, gegen die man kämpfte. Im Schein der Taschenlampe tanzten die Flocken und wurden zu glühwürmchenartigen Wesen, die man mit der Hand fangen konnte. Das Licht der Straßenlaternen war inzwischen wieder da, aber es spielte keine Rolle mehr, das alles war nicht mehr so wie früher, zumindest nicht haargenau, dachte Christopher, und sein Herz schlug tatsächlich nicht mehr wie vorhin, nicht einmal dann, als von irgendwoher Glockengeläut zu hören war, es war nicht klar, ob von einer Kirche oder aus irgendeinem Fenster. Normalerweise zog sich dabei immer seine Brust zusammen, und das Gefühl war auch jetzt wieder da gewesen, aber dann hatte er es einfach abgestellt. Ich bin eine Taschenlampe. Seine Mutter würde bestimmt etwas sagen, wenn sie ihn sah, irgendeine Entschuldigung, und diesmal konnte er natürlich nicht so tun, als hätte er nichts bemerkt. Er war ja fortgegangen. Das war eindeutig. Sie würde nicht aufhören, sich zu entschuldigen und Ausreden zu finden, das war sicher. Dann sah er die fremden Leute in den Fenstern, die jetzt wieder hell erleuchtet waren, und sie taten ihm leid, weil sie jetzt bestimmt glaubten, wunderbar, alles wieder so wie vorher, diese Idioten, und morgen würden sie sich bereits auf nächstes Jahr freuen und auf Ostern und was nicht alles. Er spielte mit dem Strahl der Taschenlampe, versuchte, draufzusteigen, und tat so, als hätte der Lichtfleck ein Eigenleben und wollte seinen Schuhen ausweichen und davonlaufen und sich unter den Autos verstecken. Aber natürlich kletterte er nur immer an ihnen hoch, knickte in der Mitte ab und dann ... Er hörte eine Stimme hinter sich und blieb stehen. Gleich würde er sehen, wer es war, der da rief. Er versuchte, sich nicht zu freuen oder erleichtert die Arme auszustrecken. Und als ihm das tatsächlich mühelos gelang, *binary virus*, war er sehr erstaunt und fast erschrocken über sich, er ließ sogar die Taschenlampe in den frischen Schnee fallen, als man ihn an der Schulter berührte und umdrehte, er war erstaunt über dieses neue Gefühl, das er entdeckt hatte, die absolute Bedeutungslosigkeit der Situation, diese ungeheure Leere, über die nie jemand sprach, und auch die Rettung, die darin lag, das Wunder.

O du fröhliche

Esther Dischereit

Brokat/Karpfen/Hirtenlied/ Bob Dylan/Peaches

»Ich erzähle von Heiligabend, wie ich ihn ungefähr 1957 oder 1958 in der Familie erlebt habe. Ich war in Stellung als Hausverwalterin – kann man das sagen? Oder ›Mädchen für alles‹ – ich glaube ›Haushälterin‹ ist das richtige Wort – ich habe die Frau Doktor gemocht, und als sie wegzog mit den Kindern, habe ich sie weiter besucht. Ich bestellte in diesem Jahr wie jedes Jahr im Ort einen Karpfen, trug ihn nach Hause und steckte ihn in die Badewanne, nachdem ich etwas Wasser hatte einlaufen lassen. Später holte ich ihn mit einem Käscher wieder heraus und trug ihn in die Küche, zu dem Holzbrett und den Messern, die ich bereitlegte. Der Karpfen zuckte im Netz. Die Kinder sollten draußen bleiben.

Lea, das ältere der beiden Mädchen, steckte in einem rosafarbenen knisternden Nylon-Kleid mit aufgebauschtem Rock wie bei einem Petticoat, ihre kleinere Schwester in einem ähnlichen Gebilde in Bleu. Drei kleine Knöpfe mit Straßbesatz reihten sich an dessen Oberteil untereinander, von der hochsitzenden Taille an aufwärts, den Abschluß bildete ein runder Kragen, der am Hals scheuerte. Ungefähr da, wo die kurz geschnittenen Haare des Kindes – sie trug einen Bubikopf – endeten. An der Hemdbrust des

rosafarbenen Kleides gab es keine straßbesetzten Knopfreihen, rechts unterhalb des eher spitz zulaufenden Kragens steckte eine in dem gleichen Nylonstoff in sich zusammengedrehte Rose, ein Kunstwerk, wie es das Kind bisher nur auf einer Torte gesehen hatte, die einmal in der einzigen Konditorei des Ortes für eine Hochzeit hergestellt worden war.
Die Kinder trugen weiße Söckchen mit Spitzenbesatz und schwarze Lackschuhe. Sie waren schon lange fertig angezogen und warteten. Es fiel ihnen schwer zu warten, besonders weil sie sich in ihren Kleidern nicht setzen durften. Die gesteiften Kleidungsstücke würden sich zusammenknautschen, außerdem kratzten die fest vernähten Unterkleider die Kinder, besonders an den Kniekehlen. Sie standen im Raum, der ihnen zugewiesen war. Ich weiß nicht, ob sie eigentlich alle Räume kannten. Eine riesige Wohnung. Mindestens drei Zimmer durften sie nicht betreten, das Wohnzimmer nur mit Erlaubnis der Eltern, deren Schlafzimmer nicht, die Speisekammer nicht, das Zimmer der ältesten Schwester nicht, die Besenkammer nicht – jedenfalls warteten sie in diesem Zimmer, das von zwei Seiten aus begehbar und sparsam möbliert war. Sie standen.
Nach einer Zeit kam die Mutter durch eine der großen Flügeltüren und lächelte. Sie hatte das Schürzenkleid abgelegt und trat den Kindern in einem samtenen mattdunklen bis über die Knie reichenden Rock und einer schwarzdurchsichtigen sich bauschenden Bluse entgegen; darunter ein seidenes Unterkleid. Sie hatte Rouge auf den Wangen, rote Lippen und glän-

zende Augen. ›Oh Tannenbaum, oh Tannenbaum‹ intonierte eine Stimme, die von einem Schallplattenspieler erklang. Die Kinder traten ein; der mit silbernem Lametta geschmückte Weihnachtsbaum ragte in die Höhe des Raums. An der Spitze steckte ein Engel – ich erinnere mich daran, wie dieser Engel jedes Jahr gesucht wurde, nur dieser Engel konnte auf der Baumspitze stecken. Blaue und silberne Kugeln, deren Rundung die Gesichter in einer breiigen Dehnung spiegelten, so als seien die, die sich da betrachteten, im Spiegelkabinett auf der Kirmes. Winzige Klöppel aus Glas hingen in zerbrechlichen Glocken. In silbrigen Steckern, die aussahen wie Tannenzapfen, steckten rote Kerzen, die nun, da die Kinder eingetreten waren, brannten.

Der Vater trug einen Anzug, hatte glänzend geputzte Schuhe an und stand in der Nähe des Baumes. Die Mutter hatte ihre Hand auf eine Seite des Tisches gelegt, der aussah wie eine Landschaft mit Erhebungen. Mit der immer gleichen Decke waren die Geschenke vollständig verhüllt. Die Kinder wurden herangewunken, ein jedes an einen vorbestimmten Platz einer Tischseite. Der Plattenspieler wurde abgestellt, und alle sangen ›Stille Nacht, heilige Nacht‹. Alle Strophen. Der Gesang des Vaters war zurückhaltend, er sei nicht gläubig, erklärte er später einmal. Seine Familie hatte auch nicht zu den Deutsch-Christen gehört – hießen die so? –, man war ja nicht so für Religion in dieser Zeit. Aber ›White Christmas‹ fand er schön, das weiß ich genau. Obwohl Bing Crosby mit Wotan nichts zu tun hatte. Das stimmt. Manchmal

gab es Streit, wenn er das Lied wieder und wieder auflegte.
Die Kinder hatten in der Schule die Rollen von Maria und Josef mit klaren und anrührenden Stimmen vorgetragen. Sie hatten mit Inbrunst gespielt, so daß das Publikum bei den Aufführungen langanhaltend Beifall klatschte, einige hielten ihre Taschentücher in den Händen.
Auf diesem Weihnachtsgabentisch fand sich keine Krippe; nie hatten sie eine gehabt, obwohl die Kinder auch gerne die kleinen Figuren bewundert hätten, besonders die Schafe und Hirten mit ihren langen, geschwungenen Stäben. Sie fragten mich einmal, ob ich zu Hause eine Krippe hätte. Ich weiß nicht mehr, was ich geantwortet habe.
Die Familie sprach über diese Dinge nicht. Die Kinder fanden es verwirrend, daß sie eine Lehrerin mit Namen Christ hatten. Sie war alt, streng und stand in dem Ruf, eine gute Lehrerin zu sein. Manchmal zog sie ein geschwätziges Kind an seinem Pferdeschwanz vom Stuhl hoch, bis es sehr rot im Gesicht geworden war und seine Schläfen brannten. Oder Fräulein Christ ordnete an, daß es die Hände vorstreckte. Dann nahm sie ihren Zeigestock und schlug dem Kind auf die Fingerspitzen.
Fräulein Christ war an Heiligabend nicht eingeladen; an diesem Tag war niemals jemand eingeladen, der nicht zur Familie gehörte.
Auch ich wurde fortgeschickt, sobald der Karpfen auf ihrem ovalen, an beiden Seiten ausgezogenen Eßtisch serviert war und sich die Familie zu Tisch setzte.

Noch war ›Oh Tannenbaum‹ nicht zu Ende gesungen – die Lieder, in denen der ›Herre Christ‹ vorkam, wurden ausgelassen, mit Ausnahme von ›Stille Nacht, heilige Nacht‹. Die Mutter hatte eine tiefe, volltönende Stimme. Sie sang sehr gut.

Dann wurden die Tücher abgenommen, und kleine und große eingewickelte Päckchen und Pakete waren zu sehen oder ein Kleid und ein Mantel, und nicht selten gab es Tränen, weil ein Kind am falschen Platz stand und dachte, das, was es als erstes gesehen hatte, sei seines. Alle hatten bunte Weihnachtsteller, angefüllt mit Dominosteinen, Lübecker Marzipan, weißen Pfeffernüssen, Spekulatius, Marzipankartoffeln, feinen Printen, selbst-gebackenem Buttergebäck mit bunten Streuseln. Die Streusel müssen auch aus dem Paket gekommen sein. Ein Paket aus Übersee. Ich hatte so etwas in den Geschäften nicht gesehen. Fast hätte ich die Streusel nicht mehr verwenden können, weil ich schon die Hälfte des Teigs verarbeitet hatte, als es ankam.

Die Mutter dachte vermutlich an ihre Eltern, die nicht dabei waren, an ihre Schwester, die nicht dabei war; an ihre Tante, die nicht dabei war, und an ihren Onkel, der nicht dabei war. Sie waren ausgewandert, waren emigriert, der Onkel war von der SS getötet worden; und sie war übrig. Ein einziges Mal hat sie mit mir darüber gesprochen. Ich war gerade dabei, den schweren Topf mit eingemachtem Rhabarber in die Kammer zu stellen und wollte dann das nächste Bündel abziehen und einkochen. Sie hatte einen Brief mit ausländischen Marken darauf in der Hand und sagte:

›Stellen Sie sich vor, Felix hat überlebt.‹ Sie wiederholte diesen Satz ein weiteres Mal und ein drittes Mal. Jedenfalls war sie übrig. Hier in dem kleinen Ort, mit ihrem Mann, der, wie gesagt, nicht an Gott glaubte, und mit diesen beiden Kindern, die diese Kleider trugen. Diese Kleider hatten die Großeltern aus einer amerikanischen Stadt geschickt. Ich sah es ihr an, daß sie an ihre Familie dachte – ihr Blick verlor sich nach innen, während die Kinder mit Auspakken beschäftigt waren. Sie tupfte mit einem feinen Batist-Taschentuch ein paar Mal an den Augen. Diese Sendung, die über den großen Teich gekommen war, hatte auch Schokoladensirup enthalten und Brombeermarmelade, die im Vergleich zu meinem eingekochten Holunderbeerengelee köstlich, unübertrefflich schmeckte. Das muß ich wohl zugeben.
Jetzt zeigte der Vater seiner Frau ein kleines Päckchen, das er zwischen die anderen gesteckt hatte. Sie öffnete es und strahlte: Sie liebte Schmuck und wendete ihre linke Hand, an dessen Ringfinger sie das neue Stück gesteckt hatte, wieder und wieder hin und her. Eines der Kinder, ich glaube, das jüngere, brachte diesen Ring einmal später nach dem unglücklichen frühen Tod der Mutter zu einem Juwelier, damit es den Stein in einer umgearbeiteten Fassung tragen könnte. Der Juwelier sagte, daß sich das für diesen Stein minderen Werts nicht lohne. Die Mutter hatte sich Jahr um Jahr auf einen Ring gefreut, im Laufe der Zeit schien sich ihr kostbarer Schmuck zu mehren. Ich hatte das auch geglaubt – wie der Mann seiner Frau den Ring ansteckte ... es war immer eine

gelungene Überraschung ... Für mich hatte Frau Doktor einen bunten Teller vorbereitet und eine sehr schön gefaltete Tasche aus Papier dazugelegt. Sie wußte, daß ich diese runden gehäkelten Spitzendeckchen sehr mochte. Es kann aber auch sein, daß ich in diesem Jahr ein Deckchen aus umsäumtem Brokat bekam.«

»Ob das jetzt 1960 war oder 1959, ich weiß es nicht mehr genau. Jedenfalls war die Frau Doktor mit den Kindern ausgezogen. Ich weiß auch nicht, ob sie schon geschieden war oder das noch bevorstand. Die Sozialbauwohnung, die sie jetzt bewohnte – ach – das war kein Vergleich, natürlich nicht, niedrige Wände, Doppelstockbetten. Ein kleiner Weihnachtsbaum, der ein paar Tage zuvor aus der Stadt getragen worden war; das ältere Kind und die Mutter trugen den Baum. Sie brauchten jetzt nicht mehr alle Kugeln, und manchmal war die Engelsspitze nicht zu verwenden, weil sie an der niedrigen Decke anstieß. Es wurde nicht mehr gesungen, Plattenspieler, zugedeckte Geschenke, ja, das schon noch, das hatte sie beibehalten. Die Kinder schenkten der Mutter Obst in der Dose. Einen Früchtecocktail, der eine besondere Kirsche verbarg, manchmal sogar zwei oder drei. Mehr aber nie ... bestimmt nicht. Die Mutter hatte von diesem Obst zum ersten Mal gekostet, als sie bei den Alliierten arbeitete – nach Kriegsende, sagte sie. Sie brachte sich im Untergrund Englisch bei, damit sie dolmetschen könnte, wenn die Sieger kämen. Sie muß fest an die Sieger in ihrem Keller geglaubt haben. Sie hatte ja recht. Sie kamen. Ich habe auch schon erlebt, daß die Kinder ihr eine andere Büchse schenkten. Die nannten sie ›Peaches‹. Wenn ein Kind krank wurde, brachte die Mutti ein Tablett ans Bett mit einer Schüssel ›Peaches‹. Einmal bat sie mich, eine Dose davon mitzubringen. Ich hatte Angst, ob ich das Wort richtig aussprechen könnte. Der Mann hinter dem Tresen verstand mich nicht. Schließlich ließ er mich hinter die Ladentheke kommen, und ich deutete auf die Büchse. Ich nahm die Büchse und brachte sie ihr mit.

Außerdem bekam sie ein Geschirr, das sich Jahr um Jahr erweiterte – um die Suppentasse, den kleinen Teller, um einen großen Teller, um den Suppenteller – ein paar Stücke stehen bei einem der Kinder in Chicago, im Wandschrank des Living Room. Ich habe es selbst gesehen. Ich war einmal da zu Besuch, da war sie schon nicht mehr am Leben, aber das jüngere Kind lud mich ein und ich flog. Ich flog – ich weiß nicht mehr – vielleicht zwölf Stunden lang. Es war sehr beeindruckend. Außerdem spielten die Kinder an Heiligabend vor – sie hatten ja Gesangs- und Flötenunterricht. Im Übungsbuch für Anfänger sind auch die Hirtenlieder. Wenn die Büchsen ausgepackt sind und die anderen Sachen, dann dürfen alle den Film sehen, den es an diesem Abend zu sehen gibt. Die Türen des Fernsehschranks werden weit geöffnet, und wir sitzen auf der samtweichen grauen Couch im Wohnzimmer. Lea packte den Kaffeelöffel, den ihr die Patentante jedes Jahr zum Geschenk machte, beiseite. Mehr als acht hatte sie auf jeden Fall schon zu-

sammen. Ich weiß nicht, ob sie das Besteck jemals vollständig zusammenbrachte. Die Kleine brachte gefüllte Eier mit einem kleinen Häufchen Kaviar auf der Spitze. Ich durfte dableiben. Die Creme hatte sie selbst hergestellt, und ich lobte sie natürlich.
Vom Großvater kam ein Kuvert mit einer 1-Dollar-Note. Ich brachte selbstgebackene Plätzchen mit und kleine Weihnachtsmänner in Papier. Auf dem Beistelltischchen im Wohnzimmer stand eine kleine Krippe aus Transparent-Papier, hinter dem Papier ein Teelicht. Bestimmt war es die ältere der beiden, die das in der Schule angefertigt hatte. Sie war geschickt mit den Händen. Schau, sagte das Kind, und fragte, ob es die Kerze anzünden dürfe ... Auf dem Wohnzimmerschrank stand ein neunarmiger Leuchter, den ich zuvor noch niemals bei ihnen gesehen hatte. Die niedergebrannten Kerzenstummel steckten noch in den Halterungen. Ich hätte gerne gefragt, was es mit dem Leuchter auf sich hatte. Ich fragte aber nicht. Es war schön bei ihnen, aber anders. Nicht so feierlich, fand ich, obwohl die Kinder sehr schön spielten. Frau Doktor hatte einen bunten Teller für mich vorbereitet und eine mit Sternen bedruckte gefaltete Tasche aus Papier dazugelegt. Sie wußte, daß ich die gehäkelten Spitzendeckchen sehr mochte, besonders runde. Es kann aber auch sein, daß ich in diesem Jahr ein Deckchen aus umsäumtem Brokat bekam.«

»Ich bin zu alt, um diese Einladung anzunehmen. Die jüngste Tochter lädt mich ein – seit Jahren lädt sie mich ein, seit ihre Mutter ... das ist rührend, natürlich. Aber sie hat so viele Leute da. Sie hat an Heiligabend viele Leute da. Ich kenne diese Leute nicht. Sie kennt die Leute, aber noch nicht einmal gut. Da wird gegessen und getrunken, es gibt einen Nachtisch. Sie ging ungefähr zu Ladenschluß los und brachte einen billigen Baum mit, das war natürlich nicht mehr der schönste. Der war so schief gewachsen, daß die Engelsspitze nicht mehr darauf paßte, dann hätte sich der Baum geradezu lächerlich zur Seite geneigt. Oder sie stellt überhaupt nur einen großen Strauß mit Zweigen auf. Die Silber- und Goldfiguren, die ihre Kinder aus der Schule mitbrachten, sind ein bißchen zerdrückt, irgendwo ein verlorener Strohstern, das ist alles – Lametta will sie überhaupt nicht, gar nicht, sagt sie. Sie haben Jazz-Musik. Seit Jahren sehe ich einen Channukka-Leuchter dastehen mit abgebrannten Kerzenstummeln und eine Art Channukka-Kalender: da darf sich jedes Kind etwas abschneiden, allerdings nur acht Tage lang. Sie sagte, ich soll meinen Enkel mitbringen, wenn er da ist. Das ist Unsinn, der ist natürlich bei seiner Familie. Und die Nachbarn, die ja nun wirklich nicht zur Familie gehören, waren auch eingeladen und dann sollte ... indisches Mandelhuhn, sagte sie, es gibt indisches Mandelhuhn ... eines der Kinder wünscht sich immer indisches Mandelhuhn. Jahr um Jahr schenkt ihr eine – Freundin, muß das wohl sein – weiße Christrosen, und Jahr um Jahr sehe ich, wie sie nicht fertig wird mit den Rosen, und sie sind bald schon eingegangen. Ich glaube, sie mag die Blumen nicht. Jemand brachte eine Weihnachtslieder-CD von Bob Dylan. Ich wußte gar nicht, daß der auch Weihnachtslieder gesungen hat. Sie legte sie nicht ein. ›White Christmas‹ wäre schön gewesen.

Außerdem sagte letztes Jahr eine Familie, deren Kinder nun schon dreißig sind – es sind Zwillinge, sie sind also beide dreißig, eine Stunde vor Beginn der vereinbarten Uhrzeit ab. Ich finde das ungehörig. Sie gab die Geschenke, die für sie gedacht waren, anderen. Das macht man doch auch nicht. Das letzte Mal aßen wir alle Süßigkeiten aus einer russischen Puppenhandtasche. Es war nett, das schon, aber es ist auch anstrengend, wenn die Leute reden, die ich nicht kenne. Vielleicht gehe ich hin, aber ich bleibe nur kurz. Ich möchte die Anrufe zu Hause nicht verpassen. An Heiligabend rufen doch alle an. Bei mir ist das so. Sie spricht noch nicht einmal mit ihrer Schwester an diesem Tag. Vielleicht hat sie das Telefon auch nicht gehört. Letztes Jahr war ein Herr da, der mit seinem Tischnachbarn Englisch redete. Ich habe ihn gefragt. In meinem Alter kann man fragen. Also – ich frage ihn. Und – was sagte er? Er sagte: Peaches sind Pfirsiche. Ich wollte es nicht glauben. Sie liebte Pfirsiche! Wenn ich das gewußt hätte, hätte ich der Frau Doktor einen kleinen Baum ans Grab pflanzen können. Oder in die Nähe. Auf den Gräbern sind Steine, nichts als Steine. Es sind ja so viele Leute da und reden und essen. Das strengt mich an. Ich mag aber nicht alleine dann da weggehen, da ist es auf den Straßen leer ... nein, dann nehme ich mir ein Taxi. Aber meine Plätzchen, darüber freut sie sich doch. Ich backe ja nicht mehr viel. Aber wenigstens die doppelten mit dem ausgestochenen Pfauenauge, obwohl es aufwändig ist, sie herzustellen. Vielleicht gehe ich hin. Sie hat einen bunten Teller für mich und legt eine schön gefaltete Tasche aus Papier dazu. Sie weiß, daß ich diese runden gehäkelten Spitzendeckchen sehr mochte. Es kann aber auch sein, daß ich in diesem Jahr ein Deckchen aus umsäumtem Brokat bekomme.«

Aufgezeichnet: Anna Kaufmann, Henry-Fussler-Heim, 2011, gest. 2011

Blog: 23./24.12.

... All überall auf den Tannenspitzen, sah ich goldene Lichtlein blitzen ... Ein dunkler Sog hatte sich über Stadt und Land ausgebreitet; German Weihnacht ist wie Nürnberger Bratwürste und Vollkornbrot. Kann nicht aus Blaualgen hergestellt werden. Unerbittlich waltet der Weihnachtsmann oder das Christkind oder beide zusammen und verbreiten schmelzende Schneeflocken für die Übriggebliebenen, die beteuern, sie machten sich nichts daraus; sie sind Un- oder Andersgläubige, Familienlose, Nachkommen der RAF oder Rechtsanwälte, die Terminarbeiten bewältigen; welche, die Joggen gehen und in einen Hauch von Chanel verheißende Fenster Blicke werfen. Später werden auch sie halt machen, sicherlich in einer der Kneipen, die sich mit gestrandeten Prostituierten füllen wird und Freiern, die den familiären Verpflichtungen schon

nachgekommen sind. Der Siegeszug des Weihnachtsbaums ist unaufhaltsam wie die Nationalelf im Europa-Endspiel; auch Allah gab in der dritten Generation nach, die jüdische Minna hatte ihn schon zurücklassen müssen – das Heilige Land entbehrte dieser Gewächse. Im südlichen Europa dominierte die Zypresse – kein Vergleich. Ich schaue zurück, in die Zeiten von Waschmaschine und Volkswagen, von Urlaub im Schwarzwald, wandernd oder in einem Zimmer an der Ostsee; in die Zeiten, als einige von der Währungsreform im Westen profitiert hatten, andere sich mit bescheidenem Wohlstand stetig regten und ihre Habe mehrten. Ich konzentriere mich auf die Einwickelpäckchen der Liebe, die wir zueinander empfinden: der Gabentisch im Wandel der Zeit, unvollständig, ohne Computerspiel, Digitalkamera und Video-Handy … mit buntem Teller. Er hat Bestand so wie die Marzipankartoffel, auch wenn sie sich über rückläufigen Absatz zu beklagen hat. Und wenn ich nach vorne schaue? Weihnachten sollte vielleicht eine Veranstaltung der Banken werden, und zwar ganz und gar. Weihnachten gibt ihnen Gelegenheit, die Kundinnen und Kunden als Almosenempfänger zu bedenken. Die Kirche unserer Zeit ist die Bank, sagte Herodes. Er nahm den Meldebogen und warf ihn ein. Der Bankautomat gab daraufhin keine Scheine aus. Bei unsachgemäßer Fütterung zerschreddert das Papier, kann aber infolge Staus auch keine Geldmittel zur Verfügung stellen. Die Menschen stellen sich an und klopfen mit ihren Sammelbüchsen an die Scheiben. Bankangestellte lassen die Rollos herunter.

Wolfgang Welt

Mehr Majoran
Weihnachten vor fünfzig Jahren

Die Zeche Bruchstraße würde im nächsten Jahr stillgelegt, und es war das letzte Weihnachten davor. Das Lohnbüro der Zeche, in der der Vater beschäftigt war, arbeitete bis nachmittags, und als der Vater um vier Uhr noch nicht zu Hause war, ahnte die Mutter, der Papa ist hängengeblieben. Mal abgesehen davon, daß er blau sein würde: wer sollte den Christbaum einstielen? Mein dreizehnjähriger Bruder mußte dran glauben und mit einem Beil drangehen.
Um sechs kam der Vater, natürlich besoffen. Mein Bruder steckte die Kerzen an. Der lieben Ruhe willen sagte meine Mutter nichts, und als er »Stille Nacht« anstimmte, sang sie mit. Meine Mutter ärgerte sich sowieso schon genug, weil sie die Pullover für ihre Söhne nicht rechtzeitig fertiggestrickt hatte. Die Ränder fehlten. Wir zogen sie trotzdem an. Fernsehen guckten wir zu der Zeit Heiligabend nicht. Meist lief auch was Ernstes wie ein Fernsehspiel von Wolfdietrich Schnurre oder so was.
Am nächsten Morgen kam die Oma zu Fuß (wir hatten noch kein Auto, um sie abzuholen) aus dem benachbarten Vorort Werne und brachte eine Tasche voll Geschenke, für mich ein Ringbuch, worüber ich enttäuscht war, für meinen Bruder die Schallplatte

»Wooden Heart« von Elvis Presley, die Presleys Abschied von Deutschland markierte. Produziert hatte dieses »Muß i denn zum Städtele hinaus« Bert Kaempfert, der auch den Song »Strangers in the Night« komponieren sollte, den ich ihr Jahre später schenken würde. Mein Vater bekam von der Oma den Karnevalshit »Schnaps, das war sein letztes Wort (dann trugen ihn die Englein fort)«. Er war sichtlich sauer und hörte sich das Lied von Willy Millowitsch nie an.

Meine Mutter briet eine Pute, und meine Oma riet beim Kochen zu mehr Majoran. Jahre danach, viele Zechenschließungen später – mein Vater hatte längst mit dem Saufen aufgehört, und die Oma war längst tot –, hörte meine Mutter Weihnachten mittag beim Kochen ihre Stimme: »Mehr Majoran.«

Elisabeth Rank
Das große Tier

Es ist das dritte Jahr. Als mir der Geruch am Gesundbrunnen in die Nase steigt, schaue ich meinen Bruder kurz an, ziehe den Kopf ein und schließe die Finger fester um den Griff der Plastiktüte, in der Winterobst liegt, ein paar Stumpenkerzen und ein halbes Brot, ich schaue nicht nach links und nicht nach rechts und wir machen, dass wir nach Hause kommen. Ich weiß nicht, warum wir so sehr rennen, zwei Stufen auf einmal nehmen, um die U-Bahn noch zu bekommen, obwohl nichts mehr ansteht, obwohl wir alle Zeit der Welt, den ganzen Abend haben. Ich weiß nicht, warum ich auf der Strecke bis zum Alex lieber auf den Boden starre als auf die gefalteten Hände unserer Sitznachbarn oder auf die rote Bommelmütze des Mannes mit der Gitarre oben auf dem Platz. Vielleicht, weil ich nicht auffallen will.

Vater hatte am 24. Dezember jedes Mal die Vorhänge zugezogen, wir hörten kein Radio, der Fernseher blieb stumm, das Einzige, was wir deutlich hörten, waren die Kehlköpfe der anderen beim Schlucken des zerkauten Fleisches, das Ticken der Uhr über der Küchentür, manchmal eine Schneeschaufel im Hof. Dann begann Vater damit, die Bücher neu zu sortieren. Während wir noch am Tisch saßen und auf die

Uhr starrten, während wir einfach warteten, bis Mutter uns sagte, dass wir in unsere Zimmer gehen dürften, stand Vater auf und räumte Stapel für Stapel aus den Bücherregalen, Reihe für Reihe. Wir saßen am Tisch wie auf einem Podest, während er um uns herum Bücher verteilte. Manchmal ordnete er sie nach Größe, die Atlanten und Bildbände auf der einen Seite, daneben die Klassiker, die Reihen, die Sonderausgaben und dann weiter hinten die Taschenbücher, das war der kleinste Stapel, neben der Kommode viele Türme aus Reclam-Heften. Wenn Mutter den Moment verpasste, uns zu sagen, dass wir gehen könnten, mussten wir sitzen bleiben und ihm zusehen, denn dann war der Moment vorüber, in dem man ohne großes Aufheben den Raum hätte verlassen können. Meistens dauerte es dann einige Stunden, niemand sprach, und alle schauten auf das lichter werdende Haar von Vater, wir Kinder versuchten Positionen auf unseren Stühlen zu finden, in denen es sich eine Weile aushalten ließ. Mutter zog sich in sich zurück, manchmal stellte ich mir vor, sie habe einen inneren Fernseher, auf dem sich, sobald Vater das erste Buch in die Hand nahm, ein alter Schwarz-Weiß-Film einschaltete, einer der schnatterigen Sorte, dem man seine ganze Aufmerksamkeit schenken konnte, ohne allzu viel mitdenken zu müssen, so einen, der von Anfang bis Ende festhält, weil ständig etwas passiert, nichts Aufregendes, sodass das Hirn sich ausruhen kann. Diesen Film schaute sie, wenn Vater sich auf die Knie begab, um zu blättern und Staub von den Buchrücken zu pusten, sie sah uns nicht mehr, und

ihn sah sie auch nicht, manchmal lächelte sie sogar, während mir der Rücken schmerzte und die Füße einschliefen. Und während sie so dasaß und den Blick durch sich selbst schweifen ließ, nahm sie mit den Händen ab und an eine kleine, übrig gebliebene Kartoffel oder erkaltete Möhre aus den weißen Schüsseln und steckte sie sich einfach in den Mund. Wir Kinder hielten die Luft an, jedes Mal, denn hätte Vater dies mitbekommen, wäre er vermutlich aufgesprungen hinter seinen Türmen aus Papier auf dem Boden und hätte sie in einem Tobsuchtsanfall zunichtegemacht, die Türme, nicht Mutter, aber vielleicht wäre auch nur ein Buch geflogen oder ein paar mehr. Wir trauten uns das nicht, und ich glaube, auch Mutter hätte sich das nicht getraut, selbst wenn sie bei vollem Bewusstsein gewesen wäre, so saß sie da, zwischen Vaters angestrengtem Schnaufen und seinem Schmatzen beim Anlecken der Finger, und rollte innerlich vielleicht gerade auf einer Vespa durch das schwarz-weiße Rom.
Einmal schlief das Brüderchen ein mit der Wange an der Stuhllehne, der Abdruck des Holzes war noch am Morgen zu sehen, als er schon wieder aus seinem Bett aufgestanden war und vor dem Spiegel versuchte, sich mit dem Daumen das Mal von der Haut zu reiben. »Du musst warten«, sagte ich ihm damals und schob ihn zur Seite, um mir die Haare kämmen zu können. »Wie lange?«, hatte er gefragt. »Das wirst du schon sehen«, sagte ich, und den Rest des Tages lief er mit einem Schminkspiegel von Mutter in der Hosentasche herum und prüfte minütlich, wie der Fleck verschwand.

Im einen Jahr sortierte Vater die Bibliothek nach Farben, stieß dabei jedoch schnell an seine Grenzen, die Buchrücken waren schwierig zuzuordnen, denn nicht alle Verlage hielten sich an strikte Einfarbigkeit. So fluchte er über das verschobene Gleichgewicht von Rot und Schwarz, er prüfte die Auffälligkeit von blauer Schrift in der Reihe der beige- bis hellbraunen Buchrücken, und als er die vielen bunten, nicht eindeutig zuzuordnenden Exemplare in der zweiten Reihe versteckt hatte, ärgerte er sich über die unterschiedlichen Höhen der Bücher, und es konnte passieren, dass er sein System sofort noch einmal überdachte, um dann alles nach Themen, nach Größe, nach Verlag oder nach Autor zu ordnen. Wir saßen und warteten und versuchten, ihn nicht zu stören. Aufstehen durften wir, wenn er aufstand, um sich die Hosen abzuklopfen, seine Knie knackten dann meistens, er reckte sich und ging zum Fenster, um zu schauen, ob sich draußen etwas verändert hatte, ob er lang genug gewerkelt hatte, dass Weihnachten für alle anderen nun vorbei war und er die Vorhänge wieder aufziehen konnte, das war nie der Fall. Dann stemmte er die Arme in die Hüften, betrachtete die Bücherwand und ging sofort ins Bett. Wir Kinder verließen nach ihm den Raum und fielen ohne Zähneputzen und noch in unseren Sachen ins Bett. Was Mutter den Rest der Nacht machte, wussten wir nicht, ob sie überhaupt schlief, aber sie war immer die Letzte, sie blieb sitzen, als wäre nichts geschehen, vor den ganzen Schüsseln und Tellern, die leer waren bis auf ein paar Knochen oder Saucenreste. Am nächsten Morgen war alles wie immer, die Tischdecke war makellos, alle Stühle standen ordentlich um den Tisch herum, die Vorhänge jedoch blieben wie jeden Winter geschlossen, auch tagsüber, wir berührten sie nicht, und sie wurden erst wieder am 1. Januar geöffnet. Meist mussten wir uns dann beim Betreten der Zimmer eine Hand vor die Augen halten, weil wir die Helligkeit in den Räumen nicht mehr gewohnt waren, aus einer dunklen Höhle wurde dann wieder eine Wohnung, in die man auch Gäste einladen und nach einer guten Zensur auch Freunde mitbringen durfte.

Im ersten Winter nach ihrem Verschwinden saßen wir zu zweit am Tisch, auf unseren alten Plätzen und legten uns die Servietten akkurat auf die Oberschenkel. Das Essen hatten wir vorher gemeinsam gekocht, die Aufgaben waren noch nicht klar verteilt gewesen, Mutter hatte uns früher nicht einmal Gemüse schneiden lassen, unsere Aufgaben fielen eher in den Bereich der Bringdienste. Wir reichten ihr Teller und Schüsseln, Besteck und Küchengeräte, die sie vergessen hatte zurechtzulegen. Wir standen hinter ihr und lugten an ihr vorbei auf die Arbeitsfläche, wir lauschten regungslos dem Geräusch der Messer und der Bratenschere. Jetzt hatten wir selbst für die Temperatur der Lebensmittel zu sorgen, für die richtige Zubereitung, und wir landeten bei Spiegeleiern und Spinat. Wir sprachen miteinander, was uns nicht leichtfiel, aber mit der Zeit immer besser funktionierte, und als wir fertig gegessen hatten, knüllten wir die Servietten zusammen und legten sie auf die Teller, wir lehnten uns an und warteten. Dies war der Moment, in dem Vater hätte übernehmen müssen. Nach einer halben Stunde räumte ich die Teller und das Besteck zusammen, mein Bruder schüttelte die Tischdecke über dem Waschbecken aus. Erst im zweiten Jahr hielten wir uns nicht mehr an die geschlossenen Vorhänge und stellten uns an die Fenster. An unserem Ende der Straße fanden sich ein paar Spuren im Schneematsch von Menschen und Tieren wahrscheinlich, Autos standen da, und am Haus gegenüber klebten vier hell beleuchtete Balkone. Ich löschte das Licht, und dann standen wir weiter da, ich weiß nicht, wie lange. Irgendwann drehte ich mich um und ging ohne Gute Nacht zu sagen ins Bett. Am nächsten Morgen tanzte Staub in den Sonnenstrahlen, die durch das Fenster fielen.

Es ist das dritte Jahr, wir haben uns für Eier im Glas und Bohnengemüse entschieden, ich übernehme die Küche, er deckt den Tisch. Später sitzen wir in der Mitte des Ehebettes, die Rücken am Kopfteil, die Hände über der Decke, die Füße in Socken nebeneinander, wir sitzen ganz still, denn wir können nicht fernsehen, wir können nicht einmal miteinander sprechen, weil wir dann hätten fragen müssen, wieso wir keine Lichter aufhängen, wieso wir nicht woanders sind und nur essen, um keinen Hunger mehr zu haben. Wir können uns nicht beim Wort nehmen, aber das erste Mal in unserem Leben wenigstens an den Händen.

*

Urs Faes
Urbino

Könnten wir jetzt nicht –
Nicht schon im Oktober! hatte er gestöhnt, auf den warmen Herbst, den außerordentlich warmen Herbst verwiesen, die Traubenernte, die fast sommerlich anmutenden Tage. Vergeblich.

Nun fährt er, allein. Nach Süden. Noch ist er sich nicht sicher, wohin genau. In die Bergregion der Marken vielleicht. Eher nicht in eine Stadt, nicht Pesaro oder Urbino. Ihm ist nach einem kleinen Dorf zumute oder einem Kloster in den Bergen, Montecasale oder Camaldoli. Stille wünscht er sich. Das vor allem, Stille, am Tag, in der Nacht.
Das Bild ist ihm geblieben: Iris schaut ihm nach, winkt, ein Schatten der Enttäuschung auf ihrem Gesicht.

Können wir das nicht in Ruhe –. Iris hatte nicht nachgegeben.
Er hatte den Kopf geschüttelt.
Wir könnten wenigstens überlegen, was möglich wäre.
Jetzt schon? Das Festessen? Die Geschenke?
Nein, nur wer, und zusammen mit wem.
Und wer mit wem nicht?
So ist es.

Also gut!
Iris war erleichtert, sie strahlte für einen Augenblick, umarmte ihn. Mit dem ersten Nebel, der aufzog, mit dem ersten Laub, das fiel, begann, es war unvermeidlich, das Planen. Wer mit wem. Wer mit wem nicht. Oder am Ende sogar doch, unter Umständen, man sollte es probieren.
Iris konnte es nicht lassen. Sie hatte erwachsene Kinder mit Erinnerungen an frühere Weihnachten, vielleicht mit Erwartungen. Leonie würde gewiß kommen, Sabrina wohl auch, die Eltern natürlich, ihre Eltern, mag sein auch Julie, die geschiedene Freundin. Nicht jeder konnte mit jedem. Was war mit ihrem Bruder Ralf? Der wollte Leonie sehen, aber keinesfalls Julie begegnen, auch nicht an diesem großen Fest der Familie, der Heiligen Familie.
Nein, er irrte sich nicht, da war so ein Glänzen in Iris' Augen. Sie hatte ihm ein Blatt hingelegt, das alle Namen, an die zu denken sei, in einem spinnennetzartigen Gebilde verband. Grüne Striche deuteten reibungslose Beziehungen an, rote unüberwindbare Abneigungen. Er schaute auf das Blatt, folgte den feingezogenen Linien, den Verbindungen, dem flirrenden Grün, dem Rot.
Wir reden noch nicht von Geschenken oder vom Essen, nur wer mit wem, von möglichen Konstellationen. Sollte er dabei an Sterne denken? An Sternbilder? Oder an die weihnachtlichen Dekorationen in den Auslagen der Großkaufhäuser, die schon Ende Oktober das Fest priesen und nicht erst beim ersten Schnee oder Anfang Dezember, wenn man sich damit abzufinden begann, daß wieder ein Jahr zu Ende ging?

Seit er Iris kannte, wurde solch ein Schaubild gezeichnet, immer schon im Herbst. Iris dachte dabei an ihre Kinder, an Leonie, Sabrina und Adrian, der in Kanada lebte und während der Weihnachtstage gern auf Skiern durch Schneelandschaften stapfte oder im Packeis feierte und per SMS Eiskristalle sendete.

Seine eigene Familie gibt es nicht mehr, der Vater ist schon lange tot, die Mutter vor sechs Jahren gestorben und die Geschwister in der Auseinandersetzung um das Erbe zerstritten. Es gibt keine Onkel und Tanten, auch keine unehelichen Kinder. Erinnerungen ja, die hat er. Das schon. Das vor allem. Das soll ihm niemand nehmen. Da soll ihn niemand stören. Nicht Julie, Ralf nicht. Und auch sonst niemand.

Leonie würde auch dieses Jahr kurzfristig anreisen, meinte Iris, und vielleicht wieder einen Vorschlag machen, für den sie begeistert werben würde, wie vor zwei Jahren – Heiligabend im Wellness-Hotel. Da hatte er zugestimmt, das fand er eigentlich originell. Am 24. in Wellness machen, das heiße Thermalbad mit der Glasfront, Schwefeldämpfe, Wasserplanschen statt Tannenbaum und Silberflitter. Draußen Schnee, Berge, Bergeinsamkeit: Iglus vor dem Fenster, wenn auch ohne Eskimos. Eine gute Idee, aber es war dann doch ein Fiasko geworden. Auf der Fahrt hatte Leonie, die Opern liebte, von der Wiener Konzertsaison erzählt, von einer Aufführung von Schönbergs *Moses und Aron*. Sie schwärmte, wie eindrücklich, in der Tonsprache von Schönberg, die Forderung an Mose sei, sich von Gott kein Bildnis zu machen und einfach zu glauben, eine Maxime, die der stille Mose lebe, während Aron in einem Augenblick der Verzweiflung schwach werde und dem Volk die Bilder gebe, nach denen es verlange. Zum ersten Mal habe sie begriffen, daß es hier auch um die Frage gehe, wie der Mensch die Kluft zwischen der inneren Vorstellung und ihrer sinnlich wahrnehmbaren Verwirklichung überwinden könne. In der Wiener Vorstellung sei der Tanz ums Goldene Kalb als Tanz um einen riesigen Weihnachtsbaum voller Geschenke inszeniert gewesen, die Bühne völlig überladen, der Baum in einem unnatürlich grellen, ja häßlichen Glanz, von halbnackten Frauen umtanzt mit widerlich lüsternen Gebärden.

Und er hatte am Steuer gesessen und gar nicht richtig zuhören und nachfragen oder sich konzentrieren können, nicht auf die andern, nicht auf sich. Später hatten sie Sabrina mit ihrem Freund, der Ahmed hieß und der Vater von Sabrinas Sohn Jakob war, abgeholt. Ahmed hatte bis zur Ankunft im Hotel ausschließlich über die Finanztransaktionssteuer monologisiert. Dann waren sie in diesem Glas-Wellness-Palast gelandet, mit Chlor- und Dulix-Geruch in allen Räumen, sogar an der Bar, und hatten ein gediegenes Essen mit mehreren Gängen, von der Weihnachtsgans bis zum Weihnachtskonfekt nach Großmutterart, hinter sich bringen müssen, begleitet von einem Endlosband mit Weihnachtsliedern. Er hatte sich gewünscht, nie mehr Weihnachten feiern zu müssen. Das war vor zwei Jahren gewesen.

Jetzt fährt er allein Richtung Süden, er hält Abstand zu den Fahrzeugen vor ihm. Es hat zu regnen aufgehört, helle Schleier ziehen sich in die lombardische Ebene, Bodennebel, durchsichtig. Der feuchte Asphalt schimmert: beruhigend, scheint ihm.

Letztes Jahr waren sie zu Hause geblieben, ohne Wellness. Sie hatten die Eltern von Iris eingeladen, außerdem Ralf und Maja, eine alleinstehende Freundin, die Weihnachten verabscheute, aber über die Feiertage um keinen Preis allein sein wollte. Am Heiligabend war, überraschend und uneingeladen, auch Julie aufgetaucht, hatte sich zu ihnen gesetzt, später *O Tannenbaum* angestimmt und dann zu lamentieren begonnen, daß sie alle ja gar keine richtigen Familien mehr hätten, auch diese hier sei keine, Iris mit ihren Kindern, ohne deren leiblichen Vater. Dafür sei ein anderer Mann da, der nicht ihr Vater sei, dessen Kinder wiederum mit ihrer Mutter und einem Mann feierten, der auch nicht ihr Vater, aber gewiß Vater von andern Kindern sei. Und Adrian, ihr Patenkind, das sie überhaupt nie mehr sehe, feiere lieber auf Eisbärenjagd oder im Schneetreiben, Adrian, an dem sie wirklich hänge, sei nie da, nicht einmal an Weihnachten. Eine solche Familie brauche Weihnachten nicht zu feiern, habe keine Geschenke verdient und eine Weihnachtsgeschichte schon gar nicht.
Er war dann spazierengegangen, hatte in den Himmel geschaut, nach Sternen gesucht und nach Erinnerungen und nur seinen Ärger gefunden. Jedenfalls hatte sich keine Weihnachtsstimmung einstellen wollen,

nicht einmal beim Läuten der Mitternachtsglocken von der Paulus-Kirche.
Das wolle er nie mehr, hatte er zu Iris gesagt, da solle Iris besser nach Wien fahren und über den Naschmarkt schlendern, Ralf solle im Männerhospiz was trinken und der Finanztransaktionssteuerbeamte einfach tun, wonach ihm sei. Oder sie könnten sich gleich alle bei der Heilsarmee melden und einer Armenweihnachtsfeier beiwohnen oder sich im Altersheim unter die große Tanne setzen oder im Burghölzli mit den Irren feiern, als Gestörte unter Gestörten.
Iris hatte sich über diesen plötzlichen Ausbruch gewundert, aber seine Vorschläge gar nicht lustig gefunden, sondern schlicht armselig.
Arm, hatte er gesagt, sind wir tatsächlich und unerlöst auch. Nichts hätten wir nötiger als die Weihnachtsbotschaft, das Kind, eine Hoffnung.

Bald sieben, noch immer Verkehr, aber wenigstens kein Stau, das fehlte gerade noch, ein Stau am Heiligabend, vor Parma oder Modena Nord. Auch die Lkw-Fahrer sitzen jetzt vor dem Tannenbaum mit Lichterblinken, denkt er, so haben er und die anderen, die noch unterwegs sind, endlich einmal freie Fahrt. Und Musik hören kann er auch, und zwar die, die er hören möchte – Boccherini, Locatelli, Geminiani.

Ich will dieses Jahr meine Ruhe haben, wirklich, sein Tonfall sollte es unterstreichen, ich meine es ernst, betonte er, als Iris das nächste Mal zu planen begann. Ohne mich, hatte er gesagt, wirklich nicht, ich fahre.

Iris hatte bis zuletzt gehofft, er werde doch bleiben, da lagen schon die Kerzen, das Lametta und die bunten Kugeln bereit. Nein, bitte nicht, er erinnerte sie an den Wutausbruch von Julie vor vier Jahren, als Sabrina mit einem Schwarzen aus Guinea-Bissau zum Fest gekommen war. Wir sind doch nicht das Integrationsbüro, hatte Julie ausgerufen, die in ebendiesem Jahr von einer Safari im Kongo mit einer seltenen Amöbenart als Andenken zurückgekehrt war, wegen der Amöben auf das Festessen verzichten mußte und deshalb ganz Afrika verwünschte. Iris hatte vergeblich auf die Rolle der Könige in der Weihnachtsgeschichte, darunter der eine aus dem Morgenland, hingewiesen.

Er fährt dahin, ist erstaunt über den doch regen Verkehr vor Bologna, fast Schrittempo auf drei Spuren, schon bald halb acht. Er hätte sich alle Italiener zu Hause bei ihren Müttern und Großmüttern gewünscht, schließlich wird doch in Italien die Familie so hochgehalten wie nirgends sonst in Europa, die eigene und die Heilige, nicht nur in Rom, wo der Papst im Petersdom die Mitternachtsmesse zelebrieren und morgen seinen Segen sprechen wird, urbi et orbi, der Stadt und dem Erdkreis.

Willst du wirklich fahren? Iris hatte es zweimal gefragt.
Immer flüchten, das ist auch nicht originell. So allein unterwegs, am Ende hast du noch einen Platten und mußt das Rad wechseln, wenn alle längst unterm

Baum sitzen, ihre Lieder singen und zusammen sind, Menschen unter Menschen, ganz gleich, was sie von dem Fest halten. Und du, du sitzt am Straßenrand und wechselst das Rad.
Menschen unter Menschen, er hatte den Kopf geschüttelt, Menschen, die andauernd reden wie deine Freundin Maja, die redet ohne Pause von einer Weihnacht bis zur nächsten. Und am Ende fängt sie noch an zu singen, und alle fallen ein, einer falscher als der andere. Dann doch lieber das Wellness-Bad.
Iris war verstummt.
Wo kommt da noch Weihnachtsstimmung auf, hatte er zu Iris gesagt; die biblische Weihnachtsgeschichte will keiner mehr hören, keine Geschichten von Hirten, die das Wunder bestaunen, oder von Engeln, die die Ehre Gottes und den Frieden auf Erden verkünden, der allem Volk widerfahren wird. Aron macht Geschenke, und Mose schweigt.
Iris blieb stumm.
Ich fahre, wirklich, hatte er gesagt.
Und sich vorgestellt, wie er in die Nacht hineinfährt, nach Süden, über die Autostrada del Sole im Winter, die endlich einmal leer sein würde, ohne Autos, ohne Menschen. Das würde die Stille sein, die andere Räume öffnet. Und er hatte dabei an einen Lichterbaum denken müssen und den Duft frischer Backwaren aus der Küche, den Duft von Zimtsternen und Nußecken, Milchkringeln und Lebkuchen und an das Flackern der Wachskerzen auf dem Leuchter, an Strohsterne an der Wand und Mistelzweige im Türrahmen. Und da stellte sich auch das Bild von Michi Bub ein, Michi

Bub, der geifert und sabbert und seine Hände zusammenpatscht, prustend und lallend durchs Haus läuft, grinst und schmatzt und alle zum Lachen bringt mit seinem Michilachen, und still wird und malt, seine Blätter von flimmerndem Weiß, das den Winter herbeizaubert, wenn draußen kein Schnee fällt.
Er wußte nicht, wie lang Iris ihn schweigend angesehen hatte.
Ich fahre, hatte er wiederholt.
Zu diesem Fest gehören Menschen, hatte Iris gesagt, und Kinder, Sabrina hat ein kleines Kind, denk doch an Jakob. Stell dir seine Augen vor, sein Lachen, wie er singen wird, das gehört doch dazu. Und du kannst sicher sein, Iris bettelte fast, Leonie bringt dir aus Wien die besten Vanillekipferl mit, und Kletzenbrot und einen Girmer Zweigelt aus dem Burgenland.
Einen Zweigelt, hatte er gebrummt, und dann kommt Sabrina mit einem Inder aus Belutschistan oder einem Mongolen aus Aserbaidschan oder wieder mit diesem Ahmed. Und Maja kaut Magenbrot und singt falsch, nein, nicht mit mir.
Du begreifst nichts. Iris war wütend.

Bald acht Uhr, denkt er, Heiligabend. Um diese Zeit hatte die Mutter die Pasteten auf den Tisch gebracht, die Kerzen angezündet und die Kinder zu Tisch gerufen. Michi war immer schon da. Nach wie vor viel Verkehr auf allen Spuren, Bologna, dann die Ausfahrt Richtung Faenza, Forli, Cesena, da sind dann schon die Berge, die Hügel, die kleinen Dörfer, die Wälder. Da wird es still sein. Er hört das Schaben der Scheibenwischer, entdeckt auffliegende Kolkraben. Die Polizei ist auch noch unterwegs, mit heulenden Sirenen, jagt die Mafia sogar am Heiligabend.

Er fährt langsamer, Häusergruppen und einzelne Gehöfte tauchen aus dem Dunkel auf, dahinter die schwarzen Berge. Er biegt auf den Parkplatz ein, ein Auto steht da, weiter vorn ein Lastwagen, niemand zu sehen; um das Toilettenhäuschen aus grauem Mauerwerk schlängeln sich bunt blinkende Plastikkugeln. *Buon natale* ist auf die Fassade gesprayt. Die beiden Buchstaben »a« sind als lachende Gesichter gemalt. Er stellt den Motor ab, bleibt sitzen.

Einmal war der Vater nicht da gewesen an Weihnachten, sie hatten gewartet, schon die Wochen zuvor und auch an diesem Abend, er und die Geschwister, draußen im Korridor, bis Mitternacht. Aber der Vater war nicht gekommen. Wir feiern nicht, hatte der Michi gesagt, wir feiern nie mehr. Nicht einmal die Pasteten hatte er angerührt, ebensowenig wie die Geschenke. Und sie hatten alle nebeneinander am Fenster gestanden und hinausgestarrt, Ausschau gehalten nach einem Stern und einem Vater. Ein Schlitten war vorübergeglitten mit einem seltsamen Namen darauf, mit hüpfenden Glöckchen, die einen hellen Klang durch die Nacht und an die Fenster trugen.

Iris wird jetzt die Steingutschalen mit den Löffeln bringen und den Suppentopf in die Mitte des Tischs stellen. Leonie wird von der weihnachtlich geschmückten Kärntnerstraße erzählen und vom Weihnachtsmarkt vor dem Rathaus oder von einer Aufführung des *Nußknackers* für Kinder in der Staatsoper. Jakob wird lachen und seine Eisenbahn holen.

Er wendet sich um, schaut in die andere Richtung. Über den Bergen verdichten sich die Wolken zu einem immer dunkleren Grau. Kein Stern zu sehen. An Umkehren ist jetzt nicht mehr zu denken.
Erst als Forli und Cesena hinter ihm liegen und er auf der Autobahn direkt am Meer entlangfährt, entscheidet er sich, doch Urbino anzusteuern. Vor ein paar Jahren hat er dort einen Silvesterabend verbracht, in einem Palazzo aus dem 18. Jahrhundert, der eine Zeitlang als Manicomio gedient hat und seit der Aufhebung der traditionellen Irrenhäuser für öffentliche Feste genutzt wird, eine Zufluchtsstätte für alle, immer voller Menschen.
Vielleicht reiht Jakob unter dem Tisch gerade seine Tiere auf oder schiebt die Holzeisenbahn vor sich her. Jakob ist drei. Er kann die Tiere beim Namen rufen, er kennt ihre Laute. Und ist begeistert von großen Lokomotiven.
Es beginnt wieder zu regnen, nieselig, fein. Als er über die leicht abschüssige Piazza geht, ist es fast Mitternacht, ein Lichterbaum steht vor dem Dom, üppig geschmückt mit Silberfäden und Engelshaar. An den Balkonen der Häuser blinken Girlanden. Er sieht das hell erleuchtete Haus, die Tür steht offen. Er tritt ein, nickt den anderen Gästen zu und setzt sich auf einen der wenigen freien Plätze an den langen Tischen. Eine Frau stellt ein Glas und eine Schale mit Nüssen vor ihn hin.
Buon natale, wünscht sie. Er nickt.
Buon natale an euch alle, tippt er ein, zählt die Namen auf, Iris, Jakob, er vergißt keinen, nicht einmal Ahmed und auch nicht Julie.

Anna Katharina Hahn
Wie ein Kaiser

Im Treppenhaus war es am Morgen des 24. Dezember noch dunkel, aber der Geruch von frisch geschnittenen Zwiebeln war schon bis in mein Dachzimmer gezogen. Hastig hatte ich Jeans und Pullover vom Vortag übergestreift, die Sachen stanken nach Raucherabteil. In der violetten Nylontasche vor meinem Bett stapelten sich unter einer dünnen Schicht Kleidung Bücher aus der Hamburger Staats- und Universitätsbibliothek; über die Feiertage war eine Hausarbeit zu schreiben.

Ich hastete hinunter in den ersten Stock, der Schlüssel steckte außen, wie immer.

Sie hatte bereits begonnen, ganz gegen unsere gestrige Abmachung. Im gelben Licht der Deckenlampe – nichts konnte karger sein als die in einen gemauerten Sockel geschraubte Kugel – saß sie am Küchentisch und würfelte Zwiebeln. Sie trug noch ihren Morgenrock, der hellblaue Frotteestoff war an Ärmelaufschlägen und Revers voller Kaffeeflecken, die Füße steckten in lammfellgefütterten Filzschuhen. Plattgedrückt lag das weiße Haar unter dem Netz, festgehalten von einem Dutzend metallener Spangen. Die Brille, die Gläser wie immer verschmiert, war auf dem schmalen Nasenrücken nach vorne gerutscht. Unter dem schwarzen Emailletopf rauschte die Gasflamme, das kochende Wasser braunschäumend von der Kartoffelerde, die wild darin herumbollerten. Ganz oben tanzten drei Eier und ein paar große Mohrrüben. Der Topf faßte acht Liter.

»Du hattest mir versprochen, daß wir zusammen anfangen.« Auf der Spüle stand der angeschlagene Becher mit dem orangebraunen Blumendekor und einer Kaffeepfütze auf dem Grund, daneben ein Teller voller verbrannter Krümel und Fettränder vom Kochschinken. Meine Großmutter pflegte »wie ein Kaiser« zu frühstücken. In blaugrundiger Bratpfanne buk sie sich jeden Morgen zwei steinhart gefrorene Semmeln aus dem Tiefkühlfach auf. Die Unterseiten schwärzten sich regelmäßig ein, Kohledunst hing in der morgenkalten Küche, vermischte sich mit dem Kartoffeldampf und dem stechenden Saft der Zwiebeln. Mir war flau im Magen, ich hatte noch nichts gegessen und dazu am Vorabend mit meinen Eltern und meinem Bruder in der oberen Wohnung zuviel Weihnachtsbier getrunken, Stuttgarter Hofbräu. Jetzt durfte ich Äpfel schälen und schneiden, drei Boskop mit braungrüner Lederschale. »Gestiftelt, nicht so grob!« Der Horngriff des Messers klebte, auf dem Holzbrettchen waren braungrüne Spuren von Wochen zuvor geschnittenen Kräutern und Gemüsen. Ich drehte das heiße Wasser auf, um mir die Hände zu waschen, es blieb eisig. Mit dem Messerrücken fegte die Großmutter die letzten Zwiebelwürfel in eine Glasschüssel. Ein paar fielen auf das stumpfe Linoleum. Sie stemmte die Hände auf die Sitzfläche des Küchenhockers, von dem die blaue Farbe abblätterte, und drückte sich hoch, erstarrte einen Augenblick im Schmerz und machte, nach vorne gekrümmt, ein paar Schritte zum Kühlschrank. Der Geruch, der aus der geöffneten Tür strömte, ließ mich schlucken. Die weißgrauen Kabeljaufilets stapelten sich auf einer Kuchenplatte, zwei Kilo Fisch, den meine Mutter Wochen vorher bei einem Obertürkheimer Händler vorbestellen mußte. Während der Adventszeit wurde sie mehrmals täglich verhört, ob sie diesen Auftrag auch wirklich ausgeführt hatte.

Sie angelte am Fisch vorbei nach einer Metzgertüte. Fleischwurst, sie darf im böhmischen Kartoffelsalat neben sauren Gurken und Mayonnaise nicht fehlen. Die Großmutter schnaufte, an der Nase hing ein Tropfen. Im Eßzimmer schlug die Uhr halb sieben.

Ich suchte in der Küchenschublade nach einer Gabel, der ehemals weiße Besteckeinsatz war gelblich verfärbt und voller Krümel. Ich wählte die Gabel mit dem geschweiften Griff. Davon gab es nur diese eine, die »Herrengabel«, die mittags für den Großvater gedeckt wurde. Sie nahm sie mir aus der Hand und beugte sich über den Herd, piekte in die Kartoffeln. »Noch fünf Minuten.« Dann schickte sie mich ins Eßzimmer: »Die große Porzellanschüssel!«

Ich sah vorbei an Tellerstapeln, Kompottschälchen, staubigen Mokkatassen, dem Glas Konfitüre, das eine Dame aus der Gemeinde im letzten Advent vorbeigebracht hatte (»Die hat mich über eine Stunde aufgehalten, wollte gar nicht mehr gehen. Ich weiß nicht, was die Leute zu tun haben!«), meinen eigenen Bonbonnieren aus Hamburg, der großen Dose Julius

Meinl-Kaffee vom Bruder, alles ungeöffnet. So stapelten sich im Wäscheschrank die Geschenke meiner Mutter, der Tochter, liebevoll ausgesuchte Nachthemden und Wäsche.

In ihrem Gesicht stand schlecht verhehlter Triumph, der schwarze Topf war über der Spüle ausgegossen, Kartoffeln und Eier lagen im Durchschlag, die Möhren waren durchgebrochen.

Wir pellten schweigend die Kartoffeln, schnitten sie in Scheiben und salzten jede Lage. Gurken, Möhren, Eier, Fleischwurst, Zwiebeln, Äpfel, Petersilie wurden mit Mayonnaise vermischt. Die bunt gewürfelte Masse vermischte sich mit den Kartoffeln. Ich durfte nichts mehr tun, sie fuhrwerkte mit dem Salatbesteck, das Schmatzen der zerkratzten roten Plastiklöffel, die die fettschweren Kartoffelscheiben umwendeten, das leise Stöhnen der Großmutter, die sich an der Tischkante festhielt.

Das Haus der Kindheit am Fuß eines Weinbergs, durch eine stark befahrene Straße mit der Daimler-Niederlassung Untertürkheim verbunden, ist längst von Fremden bezogen. Vielleicht zeigt sich ihnen mein Geist der vergangenen Weihnacht, jene böhmische Großmutter, die mit zwei Pfannen hantierend, schwer atmend am Herd steht und Kabeljau abbäckt, die jeden, der ihr helfen will, wütend ins Eßzimmer zurückkläfft und bei aufgerissenen Fensterflügeln weiter im Dunst steht, während Panade im heißen Palmin verkohlt, Kälte und Schwärze der Heiligen Nacht in die heiße Küche hineindrücken, wo sie steht, schnaufend, vor sich hinschimpfend in ihrer blauen Schürze, vollständig allein.

Ein Weihnachtsmärchen

Bärbel Reetz
Weihnachten geschlossen

Unruhige Nacht. Schwere Träume. Sie weigerte sich aufzuwachen, fürchtete sich vor diesem Tag, dem 24. Dezember. Heiligabend. Sie zog die Bettdecke über den Kopf, als könne sie sich vor den kommenden Stunden und Tagen in Sicherheit bringen. Aber vor ihren geschlossenen Augen tanzten die Buchstaben wie kleine Lichtblitze: *Heiligabend bis 16 Uhr geöffnet. Weihnachten bleibt das Studio geschlossen.* Überall plakatiert: im Eingangsbereich mit dem langen Rezeptionstisch und den schwarzen Ledersofas, im Umkleideraum, an der Handtuchausgabe, in den Übungsräumen. Sogar auf den Toiletten fand sich, wo sonst Extra-Kurse angezeigt wurden, der Zettel mit der schwarzen Computerschrift. Seit Mitte Dezember hing er da, sprangen ihr die beiden Sätze entgegen, erinnerten an das vergangene Jahr, den Heiligen Abend, Weihnachten vor 365 Tagen. An Abschied. Warten. Enttäuschung. Trotziges Verdrängen. Entschlossen schlug sie die Bettdecke zurück, suchte im Dämmerlicht des Zimmers den Wecker. In einer Stunde öffnet das Studio. Sie würde dasein.

Es war einer dieser grau verhangenen Tage, an denen es nicht hell wurde. Der Himmel hing tief und schneeschwer. Über den Straßen schaukelten Lichterketten: Sterne, Kometen mit langem Leuchtschweif. In den

Schaufenstern Weihnachtsglitzern, Gold und Engelshaar. Santa Claus hielt seine rote Nase über Handtaschen und Schuhe mit Stilettos. Künstlicher Schnee lag zu Füßen der Puppen, die sich festlich gekleidet vor Rokkoko-Stühlchen und Mahagoni-Kommoden mit Tannengrün und weißen Amaryllis präsentierten: eine gesichtslose Sie im Abendkleid, ein androgyner Er im Smoking. Widerlich, sagte sie laut, ohne sich um die frühen Fußgänger zu kümmern, die ihrer Arbeit zustrebten. Noch ein paar Stunden Parfum-Flakons verkaufen, Schmuck in Samtkästchen bergen, Geschenkpapier und Bänder um letzte Gaben wikkeln, Lächeln zu Stollen, Pasteten, Lachs und glitschigen Karpfen: Frohe Weihnachten.
Ihr Kühlschrank war leer. Wie im vergangenen Jahr. Ihre Wohnung ungeschmückt. Wie in jedem Jahr seit sie ihr Dorf verlassen hatte. Wenn du meinst, daß du das Geschäft nicht willst, dann geh, hatte ihr Vater gesagt. Die Mutter bettelte, weinte. Aber sie hatte den Koffer gepackt und war davongefahren, fort vom Gasthof Zur Freiheit, in dessen Stuben im Advent Tannenzweige, Kränze, glänzende Kugeln und eine bunt geschmückte Riesentanne die Herbstdekoration ablösten. Seither erzeugte ihr der Geruch von Gänsebraten Übelkeit, mied sie Lebkuchen und Butterplätzchen.
Vor den Glastüren des Studios blieb sie stehen. Herzklopfen. Erwartung, von der sie wußte, daß sie enttäuscht werden würde. Sie stieß die Tür auf, wandte mit einem Ruck den Kopf zur Rezeption: er war nicht da. Die Frau hinter dem Tresen trug eine Weihnachts-

mannmütze, auch der Mann an der Handtuchausgabe, sogar die russischen Putzfrauen, die lautlos mit ihren Feudeln und Tüchern hantierten, hatten diese albernen Mützen aufgesetzt. Keine Kurse in den Übungsräumen. Nur wenige Männer an den Geräten. Keine Frauen. Sie ging aufs Laufband, stellte die Geschwindigkeit ein und begann zu rennen, schnell, schneller.

Auf den Monitoren an der gegenüberliegenden Wand liefen Weihnachtsfilme: Väter, die sich mit dem Aufstellen von Tannenbäumen lächerlich machten, anreisende Großmütter, nörgelnde Teenager, brüllende Kleinkinder, genervte Mütter, die Gänsebraten in Backöfen schoben. Bescherung. Nachrichten. Pilger im Heiligen Land. Gedränge vor der Geburtskirche in Bethlehem. Schüsse in Ramallah.

Sie tippte eine Steigung ein, keuchte auf dem Laufband in die Höhe. So wie im letzten Jahr. Alles wie damals. Die schwitzenden Männer würden irgendwann gegen Mittag das Studio verlassen, nach Hause fahren zu ihren Frauen, Freundinnen, Müttern. Dann wäre sie allein. Nur ihr schneller Atem und die Musik aus den Lautsprechern, die das Training antreiben soll. Allein im Schwimmbad, in der Sauna. Wieder im Trainingsraum. Auf dem Laufband.

Wo feierst du? fragten die Kollegen in der Agentur. Vage Antwort, daß sie noch unentschlossen sei. Und obwohl sie es nicht wissen wollte, erfuhr sie von allen, was geplant war. Am Tag vor Heiligabend wußte sie von Einladungen zum Fleischfondue oder Gänsebraten, von Hüttenferien in Österreich, Last-Minute-

Flügen auf die Kanaren – zuvor die Besuche bei der Familie, zu Hause, da, wo sie aufgewachsen waren, zur Schule gegangen, den ersten Freund geküßt, ein Mädchen verführt hatten. Die Eltern erwarten das, sagten die Kollegen und zerbrachen sich den Kopf über Geschenke. Verlegenheitskäufe. Zugleich die Furcht vor dem, was für sie unter dem Tannenbaum liegen würde, worüber Freude zu heucheln wäre. Niemand fiel auf, daß sie nichts beizutragen hatte.

Aber zuletzt, als sie mit Sekt auf die kommenden freien Tage anstießen und Fröhliche Weihnachten sagten, fragte sie, wer in der Stadt bliebe. Niemand. Erst zu Silvester wollten einige zurück sein. Wir sehen uns, sagten sie, machs gut. Und sie hatte gelacht und ein frohes Fest gewünscht, so als wäre alles in Ordnung. Aber das war es nicht, nicht mehr, seit sie die Familie verlassen hatte, den Gasthof Zur Freiheit, der sie unfrei machte.

Irgendwie wird auch dieser Tag vergehen, morgen sind Christmesse und Bescherung vorbei, laufen Filme, spielen Theater und Oper, sind Museen und Ausstellungen geöffnet. Ich werde tun, was ich möchte, dachte sie. Kein Familienstress. Keine Erwartungen, die enttäuscht werden können. Sie lief schneller, mußte sich eingestehen, daß dieses ganze Jahr eine einzige Erwartung gewesen war: die Erwartung, daß er zurückkam. Noch vorhin beim Betreten des Studios hatte sie gehofft, daß er hinter dem Tresen stehen würde. Sinnlose Hoffnung. Bittere Enttäuschung.

Im letzten Jahr war sie am 24. Dezember auch beim Training gewesen und hatte sich vor der Schließung des Studios gefürchtet. Geplant war anderes: Weihnachten im Elternhaus ihres Freundes. Seit fast einem Jahr waren sie damals zusammen, mal bei ihm, mal bei ihr. Er war Anwalt, Junior in einer Kanzlei unweit ihrer Agentur. Alles, so schien es, deutete auf eine längere Beziehung hin. Doch dann, wenige Tage vor Heiligabend, hatte er ihr eröffnet, daß er allein fahren wollte. Noch zu früh für ein Familienweihnachten, hatte er verlegen gesagt, und daß er zu Hause auch seine alten Freunde treffe. Und alte Freundinnen? Ihre Stimme war schrill. Auch das, antwortete er. Nach Weihnachten hatten sie sich nicht wiedergesehen.

Entschuldigen Sie, hatte der Mann gesagt und sich neben das Laufband gestellt, wir schließen. Da drückte sie die Stop-Taste und ging davon, unsicher auf festem Boden nach langem Lauf. Hastig zog sie sich an, verschwitzt, ohne zu duschen, packte ihre Sachen zusammen. Erst jetzt merkte sie, daß alle fort waren: der Mann an der Handtuchausgabe, die russischen Putzfrauen, die Männer und Frauen vom Empfang mit den lustigen Weihnachtsmannmützen. Als sie das Studio verlassen wollte, wartete der Mann, der sie an die Zeit gemahnt hatte, bereits im Eingangsbereich. Er trug eine schwarze Daunenjacke und eine graue Wollmütze, war bereit zum Gehen. Entschuldigung, stammelte sie verlegen, es tut mir leid. Ich war unaufmerksam.

Sie werden ihre Gründe haben, entgegnete er und wandte sich dem Wachmann zu, der über die Feiertage Dienst hatte.

Es war sehr kalt gewesen. Der eisige Wind, der zwischen den Häusern fegte, Papier und Plastiktüten aufwirbelte, kniff ihr in Nase und Wangen. Sie zog ihre Mütze tief in die Stirn, über die Ohren, schlug den Mantelkragen hoch. Sie würde ein heißes Bad nehmen und danach Schlaftabletten, um diese Heilige Nacht zu überstehen. Darf ich Sie begleiten? fragte der Mann, der sie mit schnellen Schritten eingeholt hatte und der, ohne ihre Antwort abzuwarten, neben ihr ging und ihr kaum merkliches Nicken als Zustimmung nahm. Sie fanden in einen gemeinsamen Schritt. Er trug ihr die Tasche. Über ihnen klirrte die Weihnachtsbeleuchtung im Wind. Kaum Autos auf der Straße, kaum Menschen auf dem Weg.
Ich wohne im Hotel, sagte er und schlug vor, den Abend gemeinsam zu verbringen. Im Hotel? fragte sie. Anderes habe ich leider nicht zu bieten. Da hatte sie ihn zu sich eingeladen und zugleich gestanden, daß sie außer Rotwein und Schlaftabletten nichts eingekauft habe. Aber vielleicht ist der Supermarkt im Bahnhof noch geöffnet.
Und so hatten sie den Einkaufswagen zwischen den Regalen herumgeschoben, hatten Salat, Orangen, eine Ananas eingepackt, Eier, geräucherten Lachs, spanischen Schinken und italienische Salami, Würstchen und Kartoffelsalat, Käse und Feigensenf, Butter, frisches Baguette. Espresso, sagte sie. Champagner, sagte er. Beladen mit den Plastiktüten, stiegen sie zu ihrer Wohnung hinauf, packten aus. Alles war so selbstverständlich, als hätten sie schon immer miteinander eingekauft, gegessen, getrunken, geschlafen. Am

nächsten Morgen verließ er sie, um seine Sachen aus dem Hotel zu holen und zum Flughafen zu fahren. Ich melde mich bei dir, versprach er.

Als er fort war, fiel ihr ein, daß sie weder seinen Nachnamen wußte, noch wohin er geflogen war, wo er lebte. Aber er weiß, wo er mich findet, sprach sie sich Mut zu, hoffte 365 Tage, und ihr Herz zog sich zusammen, als sie die Frau mit der Weihnachtsmannmütze an der Rezeption sah.

Sie stellte die Geschwindigkeit auf dem Laufband höher, auch die Steigung, keuchte, schwitzte. Plötzlich brach die Musik ab. Im Lautsprecher knackte es. 16 Uhr, sagte eine Männerstimme, bitte verlassen Sie das Studio. Sie drückte die Stop-Taste. Stand abrupt. Verwirrt. Seine Stimme? Schwankend nach dem langen Lauf, verließ sie das Gerät, den Trainingsraum. Es war nicht seine Stimme. Es war eine Stimme. Eine Männerstimme. Irgendeine, sagte sie sich und wischte sich den Schweiß ab. Irgendeine. Hastig zog sie sich um, packte ihre Tasche und durchquerte die Halle.

Schöne Feiertage, sagte die Frau am Tresen und nahm ihre Weihnachtsmannmütze ab. Danke, gleichfalls, antwortete sie mechanisch.

Es hatte angefangen zu schneien. Kein Mensch auf der Straße. Nur die beleuchteten Schaufenster mit ihren geschmückten Puppen spielten festliches Leben. Sie stapfte durch den frischen Schnee, wünschte sich ein heißes Bad, Rotwein und Schlaftabletten. Abtauchen in die Nacht und diesen Tag vergessen. Aber als sie in ihre Straße einbog, sah sie – undeutlich im

Schneetreiben – den Mann vor ihrer Haustür: schwarze Daunenjacke, graue Wollmütze und Einkaufstüten.

Do they know
it's Christmas time at all?

Kerstin Grether/Sandra Grether
Die Stadtkatzen
Wissen sie überhaupt, dass Weihnachten ist?

»We can play it safe or play it cool,
follow the leaders or make up all rules.«
Gossip

*

Die Taube gurrt so laut und böse, als ob sie mit jemandem schimpfen würde. Sie hört gar nicht mehr auf. Wie ein wilder Vogel, der angreifen will, aber bei den eisigen Temperaturen nicht die Kraft dazu findet. Vielleicht wünscht sie sich aber auch einfach nur ein bisschen Aufmerksamkeit, überlegt Greta. Schließlich ist heute Weihnachten, und die Stadttauben sind einfach in der Stadt geblieben – genau wie man selber.

Greta schlendert durch dunkle, einsame Straßen, die in festlich glitzernde Lichter getaucht sind. Es ist kalt, aber es wird gleich warm, wenn man den Rollkragenpullover bis über die Nasenspitze zieht. Und es ist was dran am Mythos von der Freiheit in Berlin, denkt sie vergnügt. Man hat hier ganz viel Raum für sich selbst zur Verfügung, zumal an Festtagen! Weit und breit kein Mensch zu sehen und kein Kind zu hören, in dem kinderreichen Viertel. Nur ein krächzendes Tier, das mit seinem kleinen Kopf hin und her wackelt. Auch die Cafés in der Kutscherstraße haben scheinbar alle schon geschlossen, als wollten sie die Straßen endgültig den Wintervögeln und den Heimatlosen überlassen. Greta hofft, dass wenigstens das »Tous Les Jours« noch offen hat. Sie würde gerne, wie an jedem Tag des Jahres, ihrer Koffeeinsucht nachgehen und einen doppelten Espresso und einen Cappuccino in ihrem Lieblingscafé trinken. Sie schaut sich unruhig um, muss vorher unbedingt noch ein Geschenk auftreiben. Es fragt sich nur, wo, denn soweit Greta das überblicken kann, sind die schicken, kleinen Läden in der Einkaufsstraße alle schon dunkel, auch wenn sie nach außen hin zuversichtlich um die Wette strahlen. Die Taube ist immer noch nicht weggeflogen. Sie bewegt ihren kräftigen Rumpf so angestrengt entlang der Bordsteinkante, dass Greta Mitleid bekommt. Wegen mir braucht sie sich nicht so anzustrengen, denkt sie, mit Blick auf das wackelnde Vöglein. Ich war auch nie eine Größe auf dem Schwebebalken.

Die verzweifelte Anmut dieser Taube rührt sie. Das Tier sieht aus, als wäre es auf einsamer Brautschau. Wer an Weihnachten allein ist, der ist wirklich allein. Wie gut, dass ich es noch nicht übers Herz gebracht habe, meinen neuen Boyfriend zu verlassen, denkt Greta, auch wenn sie nicht so genau weiß, ob ihr Schatz nun ein Junge oder ein Mädchen ist. Denn *er* – wobei man *er* nicht sagen darf – ist ein Transgender-Typ, der sich zur Frau umoperieren lässt. Greta geht nun seit Oktober mit Chris, weil alles, was mit ihm – oder mit ihr – zu tun hat, so seltsam und so spannend ist. Chris hat einen Narren an ihr gefressen und die Beziehungsarbeit übernommen. Das ist ihr noch nie passiert, und Greta hat es einfach geschehen lassen. Auch wenn sie weiß, dass es abenteuerlich ist, wenn man eine Beziehung eingeht, ohne groß Verantwortung dafür zu übernehmen. Chris fragt Greta andauernd nach ihren Gefühlen. Aber Greta hat nicht so viele Gefühle im Moment. Sie wird von einem emotionalen Niemandsland regiert. Sie ist überarbeitet, aber sie findet Chris toll, obwohl sie eigentlich auf männliche Männer steht.

Und plötzlich ist Weihnachten, und man ist nicht alleine – und das ist doch auch schon mal was!

Greta braucht noch ein Geschenk. Es ist der 24. Dezember und vier Uhr nachmittags, von irgendwoher läuten schon die Glocken, eine Erinnerung lacht in ihr, und sie hat noch kein Geschenk! Kein Wunder, bei so viel Wahnsinn kann man Weihnachten schon mal vergessen. Die Glocken werden lauter, eindringlicher, als wollten sie einen um Himmels Willen davor bewahren, mit seinen Gedanken woanders zu sein.

Verdammt, Weihnachten spielt nicht gerade die Hauptrolle in Gretas Leben (obwohl die Weihnachtsfeste in ihrer Kindheit sehr schön waren) – und das Geschenk für ihre Zwillingsschwester ist das einzige, das sie überhaupt macht. Das war schon immer so. Sie weiß auch nicht, warum, aber es hätte ihr widerstrebt, das Geschenk für Ella auch nur einen Tag früher zu kaufen.

Aber jetzt überkommt Greta ein Stressflattern, während sie durch die Lichterstraßen läuft, gerade mal zehn Euro in der Tasche, vorbei an jeder Menge geschlossener Geschäfte. Der 10-Euro-Schein muss reichen – für das Geschenk und für das Café. Greta hat nicht vor, ihre Gewohnheiten zu vernachlässigen. Dieser Tag soll sein wie jeder andere auch! Das mit dem Geld ist allerdings in Ordnung, denn die beiden Schwestern haben seit Jahren eine Übereinkunft: an Weihnachten muss man es schaffen, mit ganz wenig Geld und ganz schnell ein Geschenk zu finden, das ganz toll passt. Eines, das die Jahre überdauert! So ein Quatsch-Ritual geht nur mit der Zwillingsschwester, denkt Greta und hätte am liebsten den kleinen, liebenswürdigen Deal dieses Jahr einfach vergessen. Denn es ist schließlich Glückssache, ob man auf die Schnelle etwas Tolles findet. Und wenn alle Stricke reißen, muss man ein Bild malen. Letztes Jahr hat Greta im »Kaiser's«-Supermarkt einen Roman von Irvine Welsh gefunden, der bei den billigen Kinderzeitschriften einsortiert war. Heute will Greta gar nicht erst beim »Kaiser's« gucken. Es ist zu kalt, um über die große Greifswalder Straße rüber zur Marienburger zu laufen. Man müsste mal im Blumenladen um die Ecke schauen, der hat vielleicht noch offen, die haben doch sicher nicht nur Blumen und Adventskränze. Aber hey, hallo, was ist das denn?

Auf der rechten Seite der Kutscherstraße, noch vor dem Blumenladen, steht ein riesengroßer, festlich geschmückter Pappkarton. Soweit Greta das aus der Ferne beurteilen kann, steht er vor dem Laden mit den schmucken skandinavischen Haushaltswaren und Textilien. Sie spürt, wie ein kleiner Schub Adrenalin ihren Schritt beschleunigt. Was mag sich in dieser geheimnisvollen Box verstecken? Oh, möge etwas Reizvolles und Schönes darin stecken!

Ein flüchtiger Blick ins Wohnzimmer genügt, und Ella ist hellwach. Was soll das auch, an Weihnachten ein Mittagsschläfchen zu halten, wo die Wohnung aussieht, als hätte eine Bombe eingeschlagen, schimpft sie mit sich selbst. Und was sollen all die sentimentalen Grübeleien über das Weihnachten zu Kindheitszeiten und über Geoff, wenn alles kreuz und quer im Zimmer verstreut liegt, wie die Erinnerungsketten, die nicht abreißen wollen. Winterklamotten häufen sich bergeweise auf dem Parkettboden in der hellen Wohnung, und Ella könnte sich bequem gleich mehrere Nester daraus bauen. Oder auf den feinen Schuhen davonlaufen, die in wunderbunten Farben und Formen die Kleiderberge krönen.
Aber du, mein Lieber, du argloser Junge mit der Feder im Haar und dem goldenen Hut, du kannst nichts dafür, dass ich am Weihnachtsnachmittag über Riemchensandalen und sommerliche Cloques stolpere, die ich vergangene Nacht durchprobiert habe, nur um dir heute zu gefallen. Ella spricht schon wieder mit ihrem unsichtbaren Gegenüber wie mit einem kleinen, heiligen Geist. Sie ist heillos verliebt, heillos! Die ganze Nacht und den halben Morgen hat sie sich mit verdrehten Gedanken über die Liebe im Bett hin und her geworfen. Die haben sich nun selbstständig gemacht und verfolgen Ella auf Schritt und Tritt, während sie aufräumt und den Boden wischt:

Du bist, wie du bist, so leidenschaftlich und verwegen – und du hast mir Fragen gestellt, die mich tief im Innern trafen. Auch wenn ich die Fragen augenblicklich wieder vergaß, wirken sie noch wie ein Schock in mir.

Ihre beste Freundin Sina wird Geoff heute Abend ins »Lamm Gottes« mitbringen, vorausgesetzt, dass er es sich nicht noch anders überlegt und in den Zug steigt. Geoff hat ausrichten lassen, es sei noch ungewohnt für ihn, Weihnachten nicht bei seinen Eltern zu verbringen. Klar, denkt Ella, dafür müsste er sich vermutlich eingestehen, dass zuhause nicht unbedingt zuhause ist. Für Ella wäre Geoff ein Zuhause. Sie lächelt versonnen, wenn sie daran denkt, wie bei ihnen beiden die Funken hin und her sprangen, als sie sich letzte Woche zufällig bei Sina trafen und danach noch zusammen ausgegangen sind. Der Abend mit ihm im »Lamm Gottes« erscheint im Jetzt schon mystisch.

Geoff, der Junge mit dem goldenen Hut, redet wie kein anderer. Man spürt, dass er das Leben kennt, und dabei wirkt er oft hilflos, als wäre er neu auf der Welt. Er ist öfters ins Stottern gekommen und wurde dann verlegen und hat dann, sehr zu seinem Leidwesen, weitergestottert. Geoff, der jedes Gespräch mit seinen ungläubigen Blicken und hilflosen Gesten garniert. Ella hält kurz inne und wird ganz traurig vor Rührung. Geoff, dieser schüchterne Dandy, der so herrlich über seine bürgerliche Herkunft spotten konnte, hat also bisher jedes Weihnachten im Schoße der Familie verbracht. Ella hingegen wird das Gefühl nicht los, dass sich das Weihnachten ihrer Kindheit

*

sowieso nicht mehr wiederholen lässt. Also scheiß drauf.

Ella hat oft ein Gefühl wie Weihnachten, nur gerade an Weihnachten nicht. Die guten Gefühle, die sie immer noch mit sich herumträgt, sind an irgendeinem Tag im April, Mai oder Oktober besser aufgehoben. Wenn sie zum Beispiel mit Geoff redet und seine endlos grünen Augen funkeln wie Lichtorgeln, dann hat Ella ein Gefühl wie Weihnachten.

Bei Greta und Ella war Weihnachten wirklich, was es sein sollte. Sie spannen sich endlos in irgendwelche Geheimwelten hinein, saßen versunken auf dem Parkettboden unterm Weihnachtsbaum und fühlten eine große Verheißung – prall gefüllt mit Plätzchen, Kuchen und Weihnachtsliedern und, wie aus der Zeit gefallen, im Spiel mit den neuen Puppen.

Ella erinnert Tage ohne Uhr und Zwang. Haben die Erwachsenen wirklich wie Weihnachtslämmchen zart gesprochen? Sie sieht die lachsrote Bluse ihrer Mutter, die stets um Fassung bemüht war, auch wenn es an den Tagen vorher immer Streit gegeben hatte. Sieht die Sonnensternchen im unversehrten Pulverschnee und den Puderzucker auf dreilagigen Marmeladenplätzchen. Sieht all die Reliquien aus einer vermeintlich glücklichen Kindheit. An Weihnachten schien man selbst Teil eines Theaterstücks geworden zu sein, in dem man selbst die Rolle der fleißigsten Schauspielerin übernommen hatte. Greta und Ella spielten so lange heile Welt, wenn sie den Puppen die Haare bürsteten und auf Familienkur schickten, bis die Familie wieder den Rest des Jahres zusammenhielt. Die

Erwachsenen staunten über die spielenden Kinder. Sie flüsterten einander zu: Schau her, die Mädchen, sie spielen so schön! Sie spielen noch immer! Bis alle glaubten, dass alles gut wird. Aber es ist unwiederholbar, es bringt nichts, ins alte Haus zurückzufahren und das alte Spiel zu spielen. Das Haus ist untervermietet, und auch das Spiel sucht neue Mieter.

Weihnachten kann einfach nicht an Weihnachten stattfinden. Man hat keine andere Wahl, es geht nur auf die existenzialistische Weise. So wie man früher den Alltag ausblendete, muss man ihn jetzt einblenden. Um die guten Gefühle aufrechtzuerhalten! Ella lacht über diese Theorie, während sie sich einen Yogi Tee mit Zimt zubereitet, wie an jedem Tag im Dezember, und den Glühwein in den Topf schüttet.

Nachdem die Winterpullis im Wollwaschgang gelandet sind, sieht das Wohnzimmer schon wieder erstaunlich ordentlich aus. Ella kramt den Adventskranz vom letzten Jahr aus dem Schrank. Er hat glänzende blaue Schleifen und Tannenzapfen voller Fake-Schnee, und obendrauf thront der Weihnachtsmann mit einem goldenen Päckchen. Hoffentlich denkt Greta daran, blaue Kerzen mitzubringen. Ein bisschen Weihnachtsstimmung muss schon sein, wenn der Vater auf den Malediven weilt und die Mutter geäußert hat, man möge doch lieber im Januar auf Besuch kommen, wenn der Festtagstrubel vorbei ist.

Greta hat wie immer ihren Schlüssel vergessen und muss bei Ella klingeln. Die Schwestern wohnen im selben Haus, aber nicht in derselben Wohnung. »Hast du Kerzen mitge...?« »Wie Kerzen, welche Kerzen?« »Ich hab doch gestern gesagt, wir brauchen blaue Kerzen, passend zum Kranz!« Greta lacht. »Dann müssen wir halt wieder die weißen Kerzen aus dem Vorjahr nehmen«, sagt sie.

*

Das »Lamm Gottes« ist heute nur halb voll – wie sonst nur an einem heißen Sommertag, wenn alle draußen sitzen. Das »Lamm Gottes« sieht immer ein bisschen so aus wie eine katholische Kirche. Ein trashiger Stil-Mix umgibt einen, eine Mischung aus barocken Figuren, »Rocky Horror Picture Show«-Gemälden und heiligem Abendmahl. Komische Tiere aus Bronze – Lämmer, Kühe, Tauben – zieren die Theke des von einem Engländer geführten, typisch Berliner Künstler- und Lebenskünstlerlokals. Maler, Schriftsteller und Musiker, die ihrerseits verziert und verzipfelmützt hier herumsitzen, bilden glitzernde Echtzeitfiguren, wie Märchenwesen aus einer anderen Epoche. Wenn Ella sich so umschaut, wird sie das Gefühl nicht los, dass die exzentrischen Seelen dieser wunderbaren Leute schon vor langer Zeit mit dem Geist dieses Clubs betupft worden sind. Ella hat das Gefühl, als würde sie heute zum ersten Mal durchatmen. Es ist einer dieser Tage, an denen sie erst spät am Abend oder früh in der Nacht richtig wach wird, und die Vitalität dieser Bar pumpt das Adrenalin durch ihren Körper, als käme sie gerade vom Sport oder als hätte sie besonders viel Koffein getrunken. Ein cooles Gemeinschaftsgefühl schaukelt sich hoch und verbindet all die Zugezogenen, die an Weihnach-

ten nicht nach Hause fahren, mit dieser heiligen Nacht. Wo man hinsieht, coole Leute: Metal-Tiger, bleiche mondsüchtige Freaks, lippenstiftverschmierte Mädchen mit Rotweinglas.
»Ach, das ist ja Melanie!« »Hallo Melanie!«»Ich fass es nicht. Weihnachten und ihr seid auch wieder da! Komm doch gleich mal rüber.«»Klar«.

Unter all den Schlafgestörten, Chamäleons und britischen Künstlern fühlt Greta sich so lebendig wie ein Klitschko-Bruder vor dem Boxkampf, nur dass man in dieser Location nicht kämpfen muss, sondern leben darf. Was nicht nur daran liegt, dass die Schwestern sich noch eine Flasche Orangensaft und einen heißen Holunderpunsch geteilt haben, bevor sie in ihr Stammlokal aufgebrochen sind. Ella zupft Greta am Ärmel und sagt: »Wenn ich mich hier so umschaue, scheint es mir, als seien die Puppen, die wir in unserer Kindheit immer frisiert haben, und die Comicfiguren, mit denen wir gespielt haben, echt geworden.« Greta lacht: »Meinst du, unsere Fantasiewelt ist Wirklichkeit? Das ist ja lustig. Ja, stimmt. Damals, zu Hause am Weihnachtstisch, wollte man gerne in so einem Club sein, wo die Ausgeflippten hingehen.« Und Ella entgegnet: »Das heißt doch, dass unsere Kindheitsspiele Fluchtspiele waren.«
Die Schwestern prosten sich zu. Sie sind mittlerweile wieder bei Rotwein angelangt. Die Glühweinphase ist vorüber, aber die Bescherung geht los. »Ah ja, Puppen«, überlegt Greta in freudiger Erwartung. Was Ella wohl zu ihrem Geschenk sagt? Bei diesem Spiel freut

man sich immer mehr darüber, was der andere über das eigene Geschenk sagt als über das Geschenk, das man vom andern kriegt. Erst später wundert man sich, dass man seinen kostbaren Wert nicht sofort erkannt hat.

Aber heute ist Greta sicher, dass Ella ihr Geschenk auf Anhieb ganz toll finden wird. Es ist sogar noch besser als das Buch von Irvine Welsh. Während sie ein handschuhgroßes Päckchen aus der Tasche holt, das sie in ein Tokio-Hotel-Poster eingewickelt hat, stürmt plötzlich ein großes, drahtiges Mädchen mit strähnigen blonden Haaren auf sie zu, Augenränder wie fliegende Untertassen und dünn, als hätte sie im Dezember ihren Fastenmonat gehabt. Greta braucht eine Sekunde, um sich von ihrem Schock zu erholen. Melanie sieht nicht gerade so aus, als hätte sie in den letzten Jahren die Fingerchen von den Drogen gelassen. Aber sie scheint immer noch mit ihrem Freund Martin zusammen zu sein; sein freundliches, gemütliches Pfannkuchengesicht taucht gleich hinter Melanie auf.
Es gibt ein lautes Hallo. Greta und Ella haben so manches Weihnachten mit den beiden verbracht, weil Melanie und Martin immer die einzigen Süddeutschen aus dem Bekanntenkreis waren, die auch nicht nach Hause gefahren sind. Man traf sich ganz zufällig in den gerade angesagten Szenekneipen. Schon zu Kölner Zeiten.

Melanie erzählt schnell und hastig, in ihrer aufgeregten Art, von der Band Erase Errata, mit deren Sänge-

rin sie sich neulich bei einem längeren New-York-Aufenthalt angefreundet habe. Das stößt bei Greta und Ella auf großes Entzücken, sie vergessen ganz, dass sie gerade ihre Geschenke auspacken wollten. Während Melanie erzählt, wie die Erase Errata Frontfrau nachts mit ihren Mädchen nackt auf den Tischen tanzt – »die ruft dann einfach, so Mädchen, jetzt alle ausziehen, schmeißt ihren BH durch den Raum und fängt laut an zu singen«, – erinnert Greta sich wieder daran, dass sie Melanie eigentlich einmal als ganz vernünftige Frau kennengelernt hat.
Damals schien es zumindest so, als sei Greta die Ausgeticktere von den beiden. Sie weiß noch gut, wie sie ein wunderhübsches Wesen mit langen schwarzen Haaren eines Abends in Köln beiseitenahm und ihr eindringlich riet, doch mal zum Psychologen zu gehen und sich ein Attest über Schlafstörungen ausstellen zu lassen. Das Wesen schwärmte davon, wie toll es beim Psychologen sei; sagte, es ginge einem dann wirklich besser. Mithilfe des Therapeuten habe sie immer ganz legal die Schule schwänzen dürfen. Umso erschütterter ist Greta jetzt von Melanies Anblick. Sie sieht so aus, als brauche sie immer noch Hilfe. Und tatsächlich, Melanie erwähnt in einem Nebensatz, dass sie wieder mal ein paar Wochen in der Klinik war. Ella, die die Tragik der Situation gar nicht begreift, weil sie, wie immer, lieber mit Martin als mit Melanie plaudert, lässt sich gerade zu weiteren Begeisterungsstürmen hinreißen. »Mensch, wie schön, dass ihr immer noch zusammen seid. Ihr seid unser Lieblingspaar in dieser Stadt!« Martin kratzt sich ver-

legen am Kopf und sagt dann, wie um seine Rührung zu verbergen, etwas zu harsch: »Ja, Mensch, wie oft ich die Melanie schon in die Klinik gebracht habe. Aber schau sie dir an, diese tolle Frau«, er umarmt sie kurz und gibt ihr einen Kuss auf die Wange. »Wie könnte ich eine solche Frau verlassen? Das würde ich niemals übers Herz bringen.« Melanie lacht ein spitzes Lachen, und die beiden fallen sich wie elektrisiert in die Arme.

Und Greta wünscht sich mit einem Mal auch so einen Freund, mit dem sie durch dick und dünn gehen könnte. Ach, wenn sie doch nur so starke Gefühle für Chris haben könnte wie er für sie, verdammt, dass die Liebe aber auch so selten gleichzeitig kommt! Sie ertappt sich bei dem Gedanken, dass es ihr mehr Spaß macht, mit Melanie und Martin abzuhängen als mit Chris. Sein ewiges Gerede über Geschlechterrollen nervt doch! Da will er immer nur als »Mensch« wahrgenommen werden, und dann geht's doch nicht ums Menschliche. Aber wahrscheinlich passen wir einfach nicht zusammen, weil wir nicht dieselbe Mentalität haben. Er ist halt im Sauerland aufgewachsen und bringt so 'ne gewisse Niedergeschmettertheit in jedes Gespräch. Egal, ob Mann oder Frau, Greta gefällt diese gewisse süddeutsche Übergeschnapptheit, wie sie jetzt bei Melanie und Martin zum Ausdruck kommt.
Als hätte Ella ihre Gedanken gelesen, bringt Ella jetzt das Gespräch auf Seelenverwandtschaft und Heimat. Sie wirft die Frage auf, ob es eigentlich Zufall ist, dass sie schon so oft zu viert am Weihnachtsabend zusam-

mengekommen sind, ohne sich je dafür verabredet zu haben. Denn genau genommen, trifft man sich übers Jahr doch recht selten. »Das ist eben echte Seelenverwandtschaft«, lacht Melanie. Martin sagt, dass er vorhin an der Imbiss-Stube am Rosenthaler Platz Ulf Erdmann, auch ein Münchener, getroffen und ihm zehn Euro geliehen habe. »Der war so pleite, bei dem ist über Weihnachten der Strom abgestellt worden. Und er sagte, er habe sich nun von seinen letzten 1,50 Euro einen Kaffee im Imbiss geleistet. Und jetzt braucht er meine 10 Euro, um sich über Weihnachten mit Salzstangen und Bier einzudecken.« »Ja«, fällt ihm Melanie ins Wort, »der große Erdmann, der sitzt jetzt zuhause bei Kerzenlicht und unter dicken Decken und macht die Jahresabrechnung für sein Label.« »Aber das Label steht doch im Verdacht, zu den ›Verrätern‹ zu gehören, weil sie 'ne Band rausgebracht haben, deren Sängerin sich von Wolfgang Joop einkleiden lässt«, wundert sich Ella. »Da denkt man doch Wunder, was da abgeht.« Melanie ruft dazwischen: »Quatsch, der Joop hat die doch schon wieder rausgeschmissen, weil sie bei den Fotosessions zu viel Koks in der Nase hatte.«

»Aber dass Ulf an Weihnachten allein und ohne Strom feiert, ist ja schon tragisch«, sagt Ella betroffen. Melanie und Martin prusten lachend los über so viel Rührseligkeit: »Der lässt schon nichts anbrennen, keine Sorge, der hatte noch 'ne Verabredung für heute Nacht.« »Ach verstehe«, nickt Ella, um nicht blöd dazustehen: »Sex, Salzstangen und Bier, wie an einem stinknormalen Tag.« Melanie zupft Martin am Ärmel, das Gespräch über Ulf scheint sie zu langweilen; sie sagt, sie muss mal auf die Toilette und zerrt Martin mit sich. »Ob die da wohl Drogen nehmen?«, fragt Ella naiv, während sie an ihrem Rotwein nippt. »Drogen kann man es wohl gar nicht mehr nennen«, sagt Greta, und die beiden lachen.

»Was gibt's denn da zu tu-tu-tu-tuscheln?« Ella dreht sich zur Tür um, fast trifft sie der Schlag. Er ist doch noch gekommen, der Junge mit dem goldenen Hut und der Feder im Haar! Völlig entgeistert starrt sie in Richtung der stotternden Stimme; und mit Enttäuschung, die schmerzvoll ein paar Sekunden später einsetzt, registriert sie, dass da ein Manga-Bübchen im Teenageralter vor ihr steht und nach Feuer fragt. »Das geht dich gar nichts an, wir haben kein Feuer, und wir tuscheln so viel, wie wir wollen«, sagt sie eine Spur zu aggressiv. Der süße Boy mit dem Manga-Haarschnitt schüttelt den Kopf und stürzt verängstigt davon. »Mein Gott«, schimpft Greta mit Ella, »was bist du denn so aggressiv, der war doch süß.« Ella kann es gar nicht richtig erklären, sie denkt schon bei jedem besoffenen Gestottere, es käme von Geoff. »Ob Geoff wohl noch kommt?«, fragt sie, heillos verliebt, mit Dackelblick.
»Du kannst *meinen* Freund haben«, entgegnet Greta lachend, »ich schenk ihn dir. Es nervt mich, dass man mit ihm immer nur schlechtgelaunt über Geschlechterthemen reden kann. Nicht mal für ›Fukushima‹ hat er sich interessiert.«
»Das ist aber auch zu grausam, um darüber zu reden.«

»Also, jetzt mal Prost auf Weihnachten!«

»Prost!« »Prost!« »Auf uns!« »Auf deine neuen Schuhe!« »Auf deinen neuen Lidschatten.« Ella sagt: »Also ehrlich gesagt, find ich den Chris schon nett. Auf mich fahr'n ja immer nur die Machos ab. Ich wär froh, so jemand wie Chris würde mich wollen. Ich fürchte, dass Geoff nicht ernsthaft eine Beziehung mit mir will. Der ist ja auch eher feminin.«

»Ach Quatsch, wegen Geoff würd ich mich nicht verrückt machen lassen; der mag dich doch. Eindeutig.« Und fügt dann noch hinzu: »Chris war vielleicht einfach der richtige Mann zum falschen Zeitpunkt.«

»Wartest du auf den Weihnachtsmann?«, lacht Ella.

»Na, ob das nicht mal eher 'ne Weihnachtsfrau ist«, gurrt Greta. »Dann lass uns doch jetzt mal die Geschenke auspacken«, sagt Ella, die langsam das Gefühl hat, dass das heute doch ein Weihnachten wie früher ist. Sie sitzen rum und lecken sich die Wunden und reden über ihre Puppen und Pupperiche.

»Aaaaargh, eine SMS!« Ella fällt fast vom Hocker. »Jetzt hab ich aber Angst, die zu öffnen.« Sie knallt ihrer Schwester das Handy in die Hand – und die liest mit stockender Stimme vor: »Liebe Ella, merry xmas! Bin bei meiner gruseligen Family und esse gerade ein Stück Lachs. Prost nach Berlin und bis bald. Geoff xx.«

»Auf den Lachs«, ruft Greta. »Auf den Lachs.« Ella fällt ihr um den Hals. Dass er ihr schreibt, obwohl er nicht da ist, ist fast noch mehr wert, als wenn er da wäre.

»Jetzt kann ich beruhigt mein Geschenk auspacken.«

Ella greift sich das Tokio-Hotel-Poster-Päckchen und reißt es auf: Huch, da purzelt eine niedliche schwarze Holzkatze mit weißen Pfoten auf den Boden. Und noch so eine, nur in weiß, mit schwarzen Pfoten und roten Augen, steht mit hocherhobenem Schwanz auf dem Tresen. »Oh sind die süß!« Ella beugt sich herab und hebt die schwarze Katze vom Boden auf. »Echt, das ist das tollste Geschenk, das du mir je gemacht hast an Weihnachten. Sind *wir* das?« »Ja, ich bin die weiße und du die schwarze Katze, haha. Aber die gehören beide dir«, freut sich Greta über ihr Schnäppchen. »Die waren doch bestimmt teuer«, sagt Ella, »ich kann mir gar nicht vorstellen, dass du die für wenig Geld gekauft haben willst.« »Doch, doch, das geht, man muss nur wissen, wie«, sagt Greta geheimnisvoll.

Ella legt plötzlich einen Schlüsselbund auf den Tisch. »Wo kommt denn jetzt dieser Schlüssel her? Lag der hier auf dem Boden?«, fragt Greta.

»Nein«, ruft Ella, »das ist dein Geschenk!« »Waaaas? Ein Schlüsselbund?«, hakt Greta ungläubig nach. »Ja«, bekräftigt Ella, mit einem strahlenden Lächeln. »Jetzt rate mal, wofür der ist.« Greta denkt nach: »Du hast mir einen Tiger im Zoo gekauft, und das ist der Schlüssel für seinen Käfig.« »Falsch«, brüllt Ella aufgeregt, »du kommst nie drauf! Der ist für unseren neuen Bandproberaum – im Bunker in Friedrichshain. Da können wir jetzt immer rein, sooft wir wollen. Und du kannst Gesang üben. Die hohen Töne auf der Tonleiter, ohne dass die Nachbarn sich über deinen Katzengesang beschweren!«

»Moment mal«, sagt Greta und beobachtet aus den Augenwinkeln, wie Melanies blondes Haar über Martins Kopf wallt, während die beiden sich in der Ecke abknutschen. »Meinst du den Bunker, in dem auch Ulf und seine Band proben?« »Ja, von dem hab ich doch den Schlüssel. Der Mann ohne Strom, aber mit genug Feuer unter'm Arsch, hat mir einfach so seinen Zweitschlüssel geschenkt und gesagt, hier könnt ihr immer proben.« »Oh Gott«, Greta schlägt in verspielter Verzweiflung die Hände über dem Kopf zusammen. »Aber der Bunker auf dem ehemaligen Gelände der Textilwarenfabrik wurde doch letzte Woche abgerissen! Hast du das gar nicht mitbekommen? Das war doch ein großes Thema auf den Lokalseiten der Zeitungen.« »Was?« Ella, die mit ihren beiden Katzen spielt, ist erschüttert. »Bist du sicher?« »Ganz sicher.« »Oh Shit, jetzt fällt mir gerade wieder ein, dass Ulf irgendwas von Unterschriftensammeln gesagt hat, damit der Bunker nicht abgerissen wird. Das ist auch schon über einen Monat her, dass er mir den Schlüssel gegeben hat.« Ella zieht jetzt in Erwägung, dass es für den Schlüssel vielleicht tatsächlich kein Schloss mehr gibt. »Das fällt mir jetzt erst wieder ein.« »Dann müssen wir beiden Katzen halt weiterhin in der Wohnung proben«, sagt Greta zuversichtlich.

»Das tut mir aber leid«, bedauert Ella: »Dein schönes Geschenk!« »Weißt du was«, flüstert Greta nachdenklich, in Anspielung auf ihr verlassenes Elternhaus und um den Faden zu Weihnachten wieder aufzunehmen:

»Ich habe lieber den Schlüssel zu einem Haus, das

*

gar nicht mehr steht, als dass ich in einem Haus lebe, zu dem mir der Schlüssel abhandengekommen ist.« Greta und Ella lachen. »Klingt logisch, aber sieh's mal genau andersherum«, sagt Ella: »Wo ein Schlüssel ist, ist auch ein Haus. Wo ein Wille ist, ist auch ein Schloss. Vielleicht passt er ja in ein anderes Schloss – und du musst es nur noch finden.«

»Das ist mir ehrlich gesagt zu kompliziert. Ich bleibe bei *meiner* Interpretation. Lieber einen Schlüssel in der Hand als ein Haus auf dem Land.« Sie prosten sich zu. Wer frei ist, wird einen Weg finden. Cool Cats can play the game.

Thomas Meinecke
Fünfmal werden wir noch wach

Fünfmal werden wir noch wach, summt Rolf Rüttger am 19. Dezember, wobei er aus Dritte-Welt-Bienenwachs sorgfältig eine Kerze rollt, fünfmal werden wir noch wach, heißa, dann ist Weihnachtstag.

Während Rolf mir ein Papiertaschentuchfutteral webt, häkele ich ihm eine Folklorekrawatte mit Norwegermuster, sagt Helene Rüttger, die seit dem ersten Advent, aus rein steuerlichen Gründen, so Helene Rüttger, mit Rolf Rüttger verheiratet ist. Und während ich vor einigen Jahren noch Unsummen, sagt Rolf Rüttger, für Weihnachtsgeschenke ausgegeben habe, verschenke ich heute nur noch Selbstgebasteltes. Bereits im Oktober kaufen wir Bast, Wolle, Holz und Ton, sagt Helene Rüttger materialbewußt. Auf diese Idee sind wir durch Werner gekommen, fügt Rolf Rüttger hinzu, denn Werner hatte Helene zum Einzug in die Wohngemeinschaft vor drei Jahren ganz einfach einen bemalten Kleiderbügel geschenkt, und Helene hatte daraufhin gesagt: Ein bemalter Kleiderbügel ist mir tausendmal lieber als irgendein bürgerlicher Konsumgegenstand in seiner unpersönlichen Beliebigkeit.

Damit hatte Helene den Nagel auf den Kopf getroffen, sagt nun auch Werner, der eben in den Gemeinschaftsraum gekommen ist. Etwas mehr Humanität, so Helene und Rolf Rüttger wie aus einem Mund, etwas mehr Humanität, verkabelt werden wir sowieso.

Heißa, dann ist Weihnachtstag, summt plötzlich Helene vergnügt in ihr Häkelzeug, denn sie hat eine verlorene Masche wiedergefunden. Zuerst, ergänzt Werner, wird der Kleine Prinz gelesen, dann wird das Selbstgebastelte ausgetauscht, um Mitternacht aber, und das ist der Höhepunkt, sagt Werner, wird der Weihnachtsbaum, als antifaschistisches Fanal gewissermaßen und Höhepunkt des Wohngemeinschafts-Weihnachtsfestes seit vier Jahren, um Mitternacht wird der Weihnachtsbaum auf dem Balkon verbrannt, so Werner wörtlich, mit einem breiten Grinsen im Vollbart.

Auch Rolf und Helene strahlen, und zusammen mit Werner summen sie, fünfmal werden wir noch wach, dann schieben sie das gemeinsam aus Ton geknetete Zimbabwerelief in den Ofen.

Das Fest der Liebe

Marion Poschmann
Doppelgängergeschenke

*

Er saß auf dem Bett und umklammerte den Karton mit der Kaffeemaschine. XXYZ, hatte er seiner Freundin Anja eingeschärft, auf jeden Fall dieses Modell. Er musterte den Karton noch einmal scharf, studierte zum zigsten Mal den Aufdruck, XXYZ, es stimmte. Nun hing alles davon ab, daß Anja von seinen Vorgaben nicht abwich.
Eine Kaffeemaschine zu Weihnachten. Was wünschst du dir, hatte Anja gefragt, und er verschluckte, was er sich wünschte: zwei Kaffeemaschinen. Sie kannten einander noch nicht lange, sie kannte ihn nicht gut, und so sagte er zögernd: eine Kaffeemaschine.
Seither stand er wieder Ängste aus, wie er sie über längere Zeit zu vermeiden gewußt hatte. Sein Atem ging schneller, er schwitzte unter den Armen und im Schritt, er spürte, wie die Farbe aus seinem Gesicht wich und zugleich eine fliegende Hitze rote Flecken malte. Eine Kaffeemaschine, eine einzelne. Was, wenn sie nicht die richtige fand. Nun, er würde die, die er auf dem Schoß hielt, umtauschen können. Dennoch die verheerende Phase bis dahin, die Unruhe, die Zerrissenheit.
Er strich über die faserige Kante des Kartons, er streichelte die verkleinerte Abbildung der Maschine, legte seine heiße Wange an die glatte Pappe, die sanft kühl-

te wie eine Wasserfläche. Wunderbare Kaffeemaschinenvermehrung: das war es, was er sich jetzt wünschte, dringend wünschte. Andernfalls würde er die ganze Nacht nicht schlafen können.

Er kaufte sich alle Gegenstände zweifach. Mindestens zweifach, manchmal dreifach, und bei Unterwäsche und T-Shirts war das Minimum: vier Exemplare desselben. Vier Exemplare von Dingen, die schnell verschlissen. Er mochte Socken im Vorratspack, und mit Angeboten wie »zwei Pullover zum Preis von einem« war man ganz auf seiner Linie, aber entscheidend blieben doch die größeren Anschaffungen. Wenn ein Elektrogerät kaputtging, und damit mußte man jederzeit rechnen, hatte er ein identisches Ersatzgerät im Keller. Das unbrauchbar gewordene Gerät kaufte er nach, falls es noch zu haben war, aber mit dem Ersatzgerät konnte er sofort operieren, den Toast toasten, die Wäsche bügeln, er erlitt keine Einbußen. Der Tagesablauf war nicht beeinträchtigt.

Er stand vom Bett auf, schob die Kaffeemaschine in ihrem Karton in die Plastiktüte des Elektrogeschäftes zurück und trug sie in den Keller. Er deponierte sie auf der Gefriertruhe und nahm eine von zwei länglichen Verpackungen aus dem Regal, die puristisch pappbraun waren; nur an einem Ende klebte ein kleines Papier mit roten chinesischen Schriftzeichen. Im Wohnzimmer öffnete er den Deckel und zog vorsichtig die grüne, äußerst grüne Wucht heraus.

Lange hatte er überlegt, ob er einen Baum aufstellen sollte. Zwei Tannenbäume im Zimmer waren für Anja wohl kaum akzeptabel. Ganz ohne Baum fehlte die Feierlichkeit. Er hatte sich schließlich für die beiden ausklappbaren Plastiktannen entschieden, von denen die eine im Keller ausharren konnte, ohne zu nadeln.

Er wand Lichterketten um die Zweige und hängte Kugeln auf. Er deckte im Wohnzimmer den Tisch: zwei Messer, zwei Gabeln für jeden, Vorspeise, Hauptspeise, für jeden zwei Gläser. Er begann, sich ein wenig zu lockern.

Es hatte damit angefangen, daß ihm die Lieblingshose zerriß. Seine Mutter hatte diese Hose weggeworfen, und er war wochenlang durch alle Geschäfte geirrt, um die Hose, diese Marke, diese Größe, diesen Schnitt, diese Farbe, noch einmal zu finden, aber er hatte eine solche Hose niemals mehr auftreiben können. Von der nächsten Hose, auch wenn er nicht wissen konnte, ob sie in den Rang einer Lieblingshose aufsteigen würde, kaufte er sicherheitshalber gleich zwei. Man ersparte sich viel Rennerei, man ersparte sich viele Enttäuschungen, denn wenn es einmal vorkam, daß man mit einem Produkt wirklich zufrieden war, konnte man davon ausgehen, daß es wie von Geisterhand nach kürzester Frist aus allen Läden verschwunden sein würde. Auch Bücher: man verlieh eines und sah es nie wieder.

Er hatte das Geschenk für Anja zweimal gekauft, eine Kette mit einem Sternzeichenanhänger. Sie hatte sich eine Kette gewünscht, und er war zweimal im Abstand von einigen Tagen in das Juweliergeschäft gegangen, um nicht den Eindruck zu erwecken, mehrere Frauen einfallslos mit derselben Sache zu beglükken. Eine Schmuckschatulle würde er überreichen, die andere in seinem Schreibtisch aufbewahren für den Fall, daß sie die Kette verlegte oder verlor. Solange nichts passierte, brauchte sie vom Vorhandensein der zweiten nichts zu wissen, um so mehr würde sie sich freuen, wenn der verlorene Schmuck so mühelos wieder auftauchte: im Hinblick auf dieses Geschenk war er vollkommen ruhig. Sie war Skorpion, und er hatte einen eleganten Anhänger mit einem zierlichen und zugleich machtvollen Skorpion gefunden, nicht kitschig, nicht brav.

Seine Freundin kam pünktlich. Sie begannen mit dem Essen. Nach dem Essen würde es die Bescherung geben, so war es ausgemacht. Anja hatte die Tüte mit seinem Geschenk im Korridor abgestellt, er ging mehrfach daran vorbei, während er die Speisen auftrug und immer noch etwas aus der Küche holte, Streichhölzer, Korkenzieher, den Ausgießer für den Wein. Die Größe des Kartons stimmte, das erkannte er erleichtert trotz der Umhüllung. Der Karton besaß ein besonderes Format, sie mußte das richtige Gerät genommen haben. Im Keller wartete der Zwilling. Er entspannte sich.

Als er die Dessertteller abräumte, brachte Anja das Paket aus dem Korridor. Erst die Bescherung, dann der Kaffee, verlangte sie augenzwinkernd. Ihm wurde plötzlich wieder heiß. Mit zitternden Händen überreichte er die pompös verpackte Schatulle. Schleifen und Flitter und ein goldener Aufkleber des Juweliers, Anja riß alles einfach ab und klappte das Gehäuse auf. So etwas habe ich schon, sagte sie.

Susanne Fischer
Zwei Engel

Meine Schwestern sahen aus wie die Engel. Blauäugig, mit blonden Locken und roten Kußmündern. Unnötig zu sagen, daß sie gar keine Engel waren. Das sind solche Mädchen nie. Isabel und Irina riefen überall Entzücken hervor, denn sie waren auch noch Zwillinge. Warum meine Eltern, nachdem sie mit diesen kleinen Schönheiten gesegnet worden waren, unbedingt noch ein Kind haben wollten, konnte ich mir nicht erklären. Sie konnten es mir übrigens auch nicht erklären. Ich habe dunkle, struppige Haare, und meine Nase ist ein bißchen schief. Ich hätte aber immer als normal durchgehen können, wenn meine Schwestern nicht gewesen wären.

Daß sie aussahen, wie sie aussahen, war nicht so schlimm. Ich kannte es ja nicht anders; als ich noch ganz klein war, hatte ich sie sogar verehrt und bewundert. Nein, unangenehm war, daß sie zu zweit waren und Marotten hatten. Eines von beiden wäre vielleicht noch erträglich gewesen, aber beides auf einmal war wirklich eine harte Prüfung. Und egal, wie sehr ich Irina schmeichelte oder Isabel ins Vertrauen zog, es gelang mir nie, eine von beiden auf meine Seite zu ziehen. Wenn wir etwas angestellt hatten, hielten die beiden unverbrüchlich zusammen. Daß ich im Laufe meiner Kindheit mehr Ärger bekam als das hübsche

Paar, erschien allen als eine natürliche Folge, denn sie sahen nicht nur unschuldiger aus als ich, mein Widerstand war auch viel leichter zu brechen.
Im Laufe meiner Kinderjahre pflegte ich einen wachsenden, ohnmächtigen Zorn auf die beiden. Sie übervorteilten mich, wo sie nur konnten, plünderten meine Süßigkeiten und mein Taschengeld und schwärzten mich bei meinen wenigen Freundinnen an. Wollte ich am Familientisch Erfolge einheimsen mit einer guten Note, unterbrachen sie mich rasch mit etwas vermeintlich Wichtigerem. Mein Vater mochte lustige Geschichten. Seit ich das wußte, merkte ich mir genau, was ich tagsüber erlebte, und was davon lustig genug war, um es abends zu erzählen. Ich übte im stillen die Pointen und die Wendungen, von denen ich glaubte, daß sie meinem Vater gefallen würden. Ich änderte notfalls auch die Dramaturgie und schmückte hier und da ein bißchen aus. Daß es besser war, auf seinen ersten Biß in das Mettwurstbrot zu warten, bevor man loslegte, weil Papa dann erst in der richtigen empfänglichen Stimmung war, hatte ich schnell gelernt. Sein behaglicher Gesichtsausdruck war mein Startsignal.
Die Art, wie ich Luft holte, um loszulegen, war leider auch ein Zeichen für die Zwillinge. Ich glaube, sie hatten sich vor jedem Abendessen verständigt. Immer fiel ihnen etwas ein: Isabel hatte sich das Knie aufgeschlagen, Irina war von einem Klassenkameraden geschubst worden. Sie hatten eine tote Katze auf dem Schulweg gesehen. Dem Hund der Nachbarn tropfte Eiter aus dem Ohr. Das war der Stoff, den meine Mut-

ter wichtig fand. Mein Vater hätte sicher lieber mir zugehört, aber meine Mutter gewann stets. »Schsch«, machte sie in meine Richtung, wenn ich um das Wort kämpfte, und wedelte dazu abwehrend mit der Hand. Falls mein Vater es wagte, bei mir nachzufragen, wedelte sie auch zu ihm herüber, aber »schsch« hat sie dann, glaube ich, doch nie gemacht. Kam ich mit meinen Geschichten einmal bis zum Ende, weil die Zwillinge es versäumt hatten, sich rechtzeitig den Ball zuzuspielen, machten sie sie hinterher schlecht. »Das war ganz anders, ich war dabei«, behauptete Irina plötzlich, während Isabel maulte »So einen Quatsch erzählt sie immerzu« – bis das Lächeln meines Vaters dünner wurde und es ihm deutlich unangenehm war, daß er mir bisher überhaupt zugehört hatte. Meine Mutter preßte die Lippen zu einem Strich zusammen. Das tat sie immer, wenn ich etwas Lustiges erzählte oder mein Vater sich über etwas amüsierte. Das Leben war nicht lustig, fand meine Mutter, und es gab viele Momente in meiner Kindheit, in denen ich ihr recht geben mußte.

Obwohl ich nie nachließ in meinem Kampf gegen die Zwillinge, konnte ich mich doch zugleich mit ihrer Doppeldominanz arrangieren. Ich stumpfte ab gegen die ewigen Sticheleien, und ich fand schließlich eine Freundin, die sie mir nicht abspenstig machen konnten und die nicht auf ihre albernen Geschichten über mich hörte.

Was mich aber über all die Jahre auf das äußerste erbitterte, war Irinas und Isabels Weihnachtsmarotte. In meinen allerfrühesten Kinderjahren war Weihnachten eine amorphe Masse aus Glück, Lichterglanz und leichter Übelkeit; und der Instinkt für dieses Gefühl verlor sich bei mir in den folgenden Jahren nicht, was immer ich auch erlebte. Daraus schloß ich, daß Weihnachten einmal irgendwie gut gewesen sein mußte.

Denn seit meinem fünften Lebensjahr war es so, daß die Zwillinge, damals acht Jahre alt, Weihnachten torpedierten. Beim ersten Mal bekam Irina eine Grippe, die alles in den Schatten stellte, sogar die Bescherung. Der Notarzt mußte gerufen werden, Mama fuhr mit ihr ins Krankenhaus. Papa mußte Isabel trösten, die außer sich war und auch mit Grippe ins Krankenhaus wollte. Daß ich irgendwann zu weinen begann, weil mir Weihnachten plötzlich wie das mieseste Ereignis auf Erden erschien, fanden mein Vater und meine Großeltern herzlos, und ich mußte in der Ecke stehen, bis ich wieder lieb war und mir Sorgen um meine Schwester machte. Das ganze Fest, auch die folgenden Tage, waren wie von Mehltau überzogen. Natürlich wurde auch Isabel noch krank, wenn auch nicht ganz so heftig wie ihr Zwilling. Nicht mal meine Geschenke erfreuten mich so richtig, weil sie beiläufig herübergeschoben wurden. Man hatte mich betrogen.

Obwohl ich hätte gewarnt sein müssen, begegnete ich dem Christfest im folgenden Jahr mit ungebrochenem Enthusiasmus. Ich bastelte Goldpapierketten, half beim Keksebacken und dachte mir die ersten lustigen Geschichten aus, ohne noch überhaupt zu wissen, was ich da eigentlich tat. Wie der Nikolaus einmal vom Schlitten fiel und ihm danach der Popo weh tat. Rudolfs Nase war so rot, weil er heimlich ein Marzipanherz gefressen hatte und sich dabei das Papier um seine Schnauze gewickelt hatte. Ich wollte auf Papas Schoß und ihm das ins Ohr flüstern, vielleicht nur, weil ich gemerkt hatte, wie wenig die anderen sich für die Erfindungen einer Sechsjährigen begeistern konnten.

In Wahrheit hatte ich das Marzipanherz genommen, und die Strafe wartete noch. Das Leben war nicht lustig. Es wurde noch weniger lustig, als Isabel am Heiligabend eine Stunde vor der Bescherung mit dem Kopf gegen die Heizung schlug und in Ohnmacht fiel. Platzwunde, Krankenhaus und Hysterie. Weihnachten war wiederum gestrichen. Meine Eltern versprachen, wir würden es nachholen, aber Heiligabend am 27. Dezember (vorher war Isabel zu schwindelig) ist eben nicht Weihnachten, sondern irgendein vermurkster Familienmist, und Oma und Opa waren dann auch schon wieder abgereist. Sie konnten schließlich nicht das ganze Jahr auf Weihnachten warten.

Na gut, das war Pech. So konnte es ja nicht immer weitergehen. Als im November der erste schmutzige Schnee fiel und es bereits nachmittags zum Angsthaben dunkel wurde, legte ich wieder los. Jetzt konnte ich schon Sterne aus Goldpapier falten und die Kekse selbst verzieren. Ein leichter Schatten lag zunächst über meiner Vorfreude, den ich mir nicht erklären konnte. Doch mit sieben Jahren ist man zu jung für dauerhafte Skepsis, ich schnitt einfach noch mehr Sterne aus und trank dazu heißen Kakao, bis die unangenehmen Gefühle verschwanden. Am 23. Dezember hatte ich abends einen Kloß im Hals, aber das war normal. Weihnachten war schließlich aufregend. Am 24. Dezember hatten die Zwillinge Masern und tannenbaumhohes Fieber, und die Bescherung fiel aus. Die Großeltern kamen nicht, wegen der Ansteckung und weil Tante Margrit schwanger war. Ich wußte, daß ich in diesem Leben nicht mehr aufhören würde, die Zwillinge zu hassen.

In den folgenden Jahren perfektionierte ich meine Weihnachtsfähigkeiten. Ich lernte, komplizierte Transparentpapierarbeiten anzufertigen. Die Mutter einer Freundin lehrte mich, Nougat-Marzipan-Konfekt herzustellen, das selbst meiner schwerfälligen Familie so etwas wie Bewunderung entlockte. Ich bastelte Geschenke und malte liebevolle Weihnachtskarten für die Verwandtschaft. Als die Zwillinge auch welche wollten, um sie zu verschicken, begann ich mit der Produktion schon im Oktober. Es machte mir nichts aus. Weihnachten war toll. Na ja, es wäre toll gewesen, wenn nicht Isabels Wangen am 23. Dezember fiebrig errötet wären, was sie noch engelhafter aussehen ließ. Heiligabend wäre klasse geworden, wenn nicht Irinas Fuß auf seltsame Weise angeschwollen wäre. Bronchitis, Sinusitis, Angina, Bindehautentzündung, Lungenentzündung und Krankenhaus. Neue Platzwunden und Verbrennungen. Magen-Darm-Grippe. Es war wie verhext. Das ganze Jahr über waren die Engel strahlend gesund, und selbst wenn ich die fiesesten Krankheiten bekam, steckten sie sich nicht an. Aber Weihnachten war eine Ausnahme.

Nun liegt das Christfest in einer krankheitsträchtigen Jahreszeit. Man mußte sich also nicht so sehr wundern, wenn es keinen Heiligabend bei uns gab ohne Daunenlager auf dem Sofa oder verschobener, wenn nicht ausgefallener Bescherung, hastig heruntergeschlungenem Weihnachtsessen oder gar Ravioli, wenn Mama mal wieder mit Irina oder Isabel in der Notaufnahme saß. Falls eine der Zwillinge schon am 23. loslegte, was auch vorkam, gab es nicht einmal einen Weihnachtsbaum, er blieb dann einfach auf dem Balkon, was niemanden außer mir zu stören schien.

Ich fühlte mich allmählich wie eine Zweitbesetzung, die nie gebraucht wird: Jedes Jahr perfektionierte ich mich in meinen Vorbereitungen für das Christfest, und nie kam ich so richtig zum Einsatz. Ich lernte sogar ein bißchen kochen, damit ich Vater, Großeltern und verbliebenem Zwilling statt der drohenden Dosennudeln wenigstens Steak auf Toast servieren konnte, aber als Isabel mit Verdacht auf Blutvergiftung mal wieder den Heiligabend in medizinischer Betreuung verbrachte, erklärte mein Vater, er habe keinen Appetit, und meine Großeltern fanden die kleine Köchin gefühllos, so daß ich schließlich das Festessen mit dem Nachbarhund teilen mußte. Irina hatte mir ohnehin bloß die Zunge herausgestreckt.

Als ich dreizehn war, hätte ich ganz allein ein Fest für eine Großfamilie organisieren können. Meine Mutter hatte sich an meine Unterstützung gewöhnt, und ich hatte mich an den Gedanken gewöhnt, daß ich mein erstes perfektes Weihnachten wohl erst als Erwachsene feiern würde. Ich sah im Geiste meine Kinderschar schon vor mir, wie sie sich erfreuen würde an einem vollkommenen Heiligabend. Zwillinge waren übrigens nicht darunter. Aufgeben wollte ich aber trotzdem nicht. Die etwas abgestoßene Tannenbaumspitze mußte neu mit Goldlack überzogen werden, das hatte ich im vergangenen Jahr gesehen. Als ich auf den Dachboden ging, um nach dem Weihnachtsbaumschmuck zu suchen, hörte ich Stimmen – natürlich die Zwillinge. Wenn ich in der Nähe war, taten sie oft so, als ob sie eine spezielle Zwillingsgeheimsprache hätten, aber ich glaubte nicht daran. Sie wollten mich nur ärgern. Und als ich sie jetzt belauschte, sprachen sie ganz normales Deutsch, wenn ich auch ihre Stimmen nicht unterscheiden konnte.

»Dieses Jahr bist du dran.«

»Nein, du. Letztes Mal hatte ich doch Blutvergiftung.« Das mußte Isabel sein. Mir blieb die Luft weg.

»Aber die Windpocken davor, das war ich. Das hat Wochen gedauert. Das zählt für zwei Mal.«

Und so ging es eine Weile hin und her. Ich lernte zweierlei: Wenn ich nicht dabei war, stritten sich die Zwillinge also doch. Das überraschte mich beinahe mehr als der eigentliche Skandal – sie ruinierten Weihnachten absichtlich. Ich konnte es nicht fassen. Es war doch ausgeschlossen, mit Absicht Krankheiten zu bekommen! Und selbst böswillige Mädchen würden sich nicht selbst Platzwunden beibringen, nur um ihrer kleinen Schwester ein Fest zu vermiesen. Oder? Ich war zu wütend, um darüber in Ruhe nachzudenken. Ich platzte einfach aus meinem Versteck und stellte sie zur Rede, schrie und tobte. Während sie sich sonst von mir nie aus der Ruhe bringen ließen, wie ein routiniertes Elternpaar, hatte ich sie jetzt in einem ungeschützten Moment erwischt. Sie stotterten und stammelten. Ich drohte, alles den Eltern zu sagen, wenn sie es noch einmal wagen würden, krank zu werden. Sie versuchten, es abzustreiten, schließlich kann man nicht mit Absicht krank werden, das mußte sogar so eine beschränkte Person wie ihre kleine Schwester einsehen. Aber da waren noch die Platzwunden, Verbrennungen und Ohnmachtsanfälle. Jetzt hatten sie wirklich Angst. Daß unsere Eltern mir diese Ungeheuerlichkeiten vermutlich niemals geglaubt hätten, daran dachten sie nicht.

An diesem Weihnachten gerieten meine Buntpapiersterne etwas krummer und die Kekse etwas härter. Ich war einfach viel zu aufgeregt für ein perfektes Fest. Würden sie es wirklich wieder wagen, oder wäre dieses Mal, dieses eine Mal nur, endlich ganz normal Weihnachten? Ich fand, ich hatte das verdient, bevor ich erwachsen wurde. Ich sprach nicht mehr mit meinen Schwestern und starrte sie den ganzen Dezember durch nur finster an. Der Adventskalender, den sie mir zur Beschwichtigung geschenkt hatten, war ein Haus mit lauter bezifferten Fenstern, durch die man dann beim Öffnen kleine lustige Szenen sah. Hinter der »Elf« lag ein Kind im Bett, das Fieberthermometer im Mund, neben ihm ein Kätzchen, das einen Keks stahl. Das hatten sie nicht wissen können, als sie ihn kauften, und trotzdem war ich sicher, daß es Absicht war.

Außerdem ergriff mich nun panische Angst, daß ich

selbst am Heiligabend krank werden würde. Das war mir noch nie passiert. Wenn aber die Schwestern mit den Krankheiten im Bunde standen, würde es so sein, und ich würde nichts dagegen tun können. Erstaunlich, daß sie sich nicht schon längst selbst geschont und statt dessen mich als Weihnachtsruinator eingesetzt hatten.

Es war der längste Dezember meines Lebens. Wir belauerten uns auf das Widerlichste. Als Irina am 22. Dezember nieste, schrie ich sie an, sie würde noch an mich denken. Dann rannte ich heulend aus dem Wohnzimmer. Meine Eltern wunderten sich, aber niemand machte sich die Mühe, mir nachzugehen. Geheule waren sie gewohnt, irgendwas war immer.

Am 23. Dezember legte sich eine nervöse Spannung über die ganze Familie, dabei konnten ja meine Eltern von dem Kampf zwischen Irina, Isabel und mir gar nichts wissen. Vielleicht, so dachte ich, hatten sie einfach Angst vor der nächsten Krankheit.

Zögernd stand mein Vater vom Tisch auf. »Tja«, murmelte er, »dann will ich mal ...«

»Wirst du endlich den Tannenbaum hereinholen? Das habe ich doch heute morgen schon gesagt!« sagte meine Mutter in ziemlich scharfer Ton. Mein Vater schien ein wenig den Kopf einzuziehen, aber er folgte gehorsam. Er zerrte den Baum ins Wohnzimmer und plazierte ihn im Fuß. Dabei fluchte und stöhnte er, aber das überhörte ich gern. Der gute Tannenduft zog durch das Zimmer, und mir wurde augenblicklich warm ums Herz. Ich war eine uncoole Jugendliche.

»Mein Gott, steht der schief!« keifte meine Mutter. Die Zwillinge verschwanden in ihrem Zimmer.

»Wo sind die Kugeln?« fragte mein Vater. In seiner Stimme war deutlich die Anspannung zu hören.

»Wo die Kugeln sind?« Meine Mutter schrie beinahe. »Da, wo sie immer sind! Auf dem Dachboden! Soll ich sie vielleicht holen? Habe ich noch nicht genug zu tun?«

»Mir langts!« brüllte mein Vater. »Macht doch euren Dreck allein!« Er ging mit Riesenschritten in den Flur, riß seine Jacke vom Haken und ließ die Wohnungstür ziemlich laut hinter sich ins Schloß fallen. Meine Mutter rannte in die Küche und warf ebenfalls eine Tür zu.

Ich war zu überrascht, um zu heulen. Ich wartete einfach, ob nicht einer von beiden wieder zurückkäme. Als ich nach einer halben Stunde immer noch allein war, schlich ich auf den Dachboden, um die Kugeln und den anderen Schmuck zu holen. Alles hatte ich in den vergangenen Jahren schon mal für Weihnachten gemacht, außer den Baum zu schmücken. Wenn überhaupt einer in die Wohnung kam, hatte mein Vater das irgendwie nebenher erledigt, während der Arzt kam oder ging – ich weiß es nicht. Ich gab mir viel Mühe, aber der Baum war sehr hoch. Ich mußte auf einem Stuhl balancieren. Ein Glasengel ging dabei zu Bruch, doch ich selbst fiel immerhin nicht herunter. Die Scherben versteckte ich im Tannenbaumfuß.

Am Ende war ich ganz zufrieden mit meinem Werk und freute mich darauf, daß meine Eltern mich wahrscheinlich bewundern würden. Vielleicht würden sie auch gar nichts sagen, weil ihnen ihr dummer Streit peinlich war. Zufrieden ging ich ins Bett. Die Zwillinge waren erst gar nicht wieder aufgetaucht, und ich war jetzt beinahe sicher, daß sie nicht krank werden würden.

Am 24. Dezember erwachte ich von einem merkwürdigen Lärm, der in meine Träume schnitt und dort ein Haus explodieren ließ. Ehe ich noch richtig wach war, hörte ich schon Geschrei. Der Tannenbaum war in vollem Schmuck umgestürzt, die Erbstücke unter den Kugeln aus der Familie meiner Mutter zerbrochen. Meine Eltern standen in Pyjama und Nachthemd neben der Bescherung und brüllten sich an. Der Fuß meiner Mutter blutete, weil sie in die Scherben getreten war. Mein Vater stürzte diesmal wahrscheinlich nur deshalb nicht aus der Wohnung, weil er noch nicht angezogen war. Beim Frühstück begannen alle Sätze meiner Mutter mit »Immer ...« oder »Nie ...«. Zwischendurch weinte sie, weil der Rotkohl anbrannte und sich die Gans als zu groß für den Backofen erwies. Mein Vater zerfleischte daraufhin den riesigen toten Vogel mit dem Tranchiermesser, als wolle er ihn ein weiteres Mal umbringen, und das Massaker, das er anrichtete, konnte man weder braten noch gar hinterher jemandem vorsetzen. Die Zwillinge allerdings saßen gesund neben mir am Tisch und taten ganz normal.

Als meine Eltern beschlossen, für ein paar Stunden beleidigt zu schweigen, war das beinahe eine Erlösung. Aber am Nachmittag, kurz vor dem Eintreffen der Großeltern, ging alles von vorne los, nur schlimmer. Der von meinem Vater notdürftig wieder hergerichtete Baum gefiel meiner Mutter nicht, sie schrie herum, riß Schleifen davon ab und verlangte eine andere Tanne, diese sei ohnehin die mieseste, die im Umkreis von hunderten von Kilometern jemals geschmückt wurde. Mein Vater war kurz davor, sie zu schlagen.

Ich hatte schon Angst, er würde das Nudelholz aus dem Schrank reißen, aber statt dessen hielt er plötzlich eine Schnapsflasche in der Hand, die dort versteckt war. Großzügig goß er sich den Alkohol direkt in den Hals, wobei ein braunes Rinnsal aus seinem Mundwinkel in seinen weißen Kragen lief. Dieses Schnapsbächlein war das Erbärmlichste, das ich in meiner Kindheit gesehen habe. Dann beschimpfte er meine Mutter so, daß ich weinend aus dem Zimmer lief. Hure, Nutte, Drecksau. Sie aber blieb, sie gab ihm sogar einiges zurück. Möglicherweise hat sie auch das Lebkuchenhaus nach ihm geworfen, das weiß ich nicht, aber als Oma und Opa kamen, lag es jedenfalls als Trümmerhaufen neben der Anrichte.

Wir saßen dann erschöpft am Kaffeetisch. Isabel und Irina sahen engelhafter aus als je zuvor, und als meine Mutter anfing, mit etwas lallender Stimme meine Großeltern, also ihre Schwiegereltern, zu beleidigen, wußte ich plötzlich, daß meine Schwestern wirklich Engel waren. Die ganzen Jahre hatten sie schützend die Hand über unsere Familie gehalten.

Am nächsten Tag zog mein Vater aus. Er ließ sich nach Asien versetzen, wo man kein Weihnachten kennt, und es schien für immer zu sein. Doch dann kehrte er schon anderthalb Jahre später wieder zurück und zog wieder ein. An den folgenden Weihnachtsfesten ereignete sich nichts Ungewöhnliches. Nur daß alle mich seither ansahen, als ob ich die Macht hätte, sie ins Elend zu stürzen – das hat mir Weihnachten für immer verdorben.

Michael Scharang
Der regelmäßige Christbaum

Maria, schrien die zwei Alten wie aus einem Mund. Ja, das ist sie. Sie ist die Schönste gewesen landauf, landab.
Man wird es über den ganzen Hauptplatz von Celje gehört haben. Denn es begab sich in einem Gastgarten auf dem Hauptplatz, daß ich den beiden zahnlosen und schwerhörigen Männern das Photo hinhielt. Sie erkannten die Abgebildete sofort.
Noch eines wußten sie mit Bestimmtheit zu sagen: Es war im Jahr 1908 gewesen, vor siebzig Jahren, zu Weihnachten, am Heiligen Abend. Statt zur Mitternachtsmette ging Maria zum Bahnhof. Sie fuhr mit dem Zug weg und kam nie wieder.
Fuhr weg aus Celje, wie der eine sagte, der seine Rede slowenisch begann, doch dann ins Deutsche fiel. Aus Zilli, wie der andere sagte, dem das Deutsche vertrauter war.
Wie kommst du zu dem Photo? schrien sie mir nach. Doch ich war schon auf dem Weg über den Hauptplatz. Ich hatte nicht damit gerechnet, daß noch jemand lebt, der die junge Frau auf dem Photo erkennt. Was die zwei wußten, war mir nicht neu. Sie ahnten wohl, daß jemand, der im Besitz dieses Photos ist, mehr über die Abgebildete weiß als sie, die beiden Alten. Mir aber war nicht danach, mich ausfragen zu

lassen. Und was ich in Erfahrung bringen wollte, hatte ich bereits erfahren.
Gleich nach meiner Ankunft in Celje war ich einer Frau mit einem vollen Einkaufskorb begegnet. Sie trug nach Art alter Bäuerinnen ein schwarzes Kopftuch, wirkte ortskundig, also fragte ich sie, ob ihr ein Bauernhof bekannt sei, der einmal einem Mann namens Leibner, Leibner Heinrich, gehört habe.
Sie lachte. Ich befände mich hier in einer Stadt, klärte sie mich auf, nicht in einem Dorf, wo jeder jeden kenne. Sie riet mir aber, in der Molkereigenossenschaft nachzufragen.
Dort wußte tatsächlich jemand, daß der alte Leibner, nachdem dessen Sohn Franz mit der Magd Maria aus dem Ort geflüchtet war, noch dreißig Jahre gelebt, den Hof heruntergewirtschaftet und schließlich in Brand gesteckt hatte. Der Bauer war in den Flammen umgekommen. Er, der Angestellte der Molkerei, kannte den Fall aus Aufzeichnungen der Genossenschaft, er war zu jung, um den Bauern gekannt zu haben. Also brauchte ich ihm das Photo von Maria, der Magd, der Mutter meiner Mutter, gar nicht zu zeigen.
Ich quartierte mich in Celje ein, denn nun, da ich hier nichts mehr verloren hatte, konnte ich den nächsten und übernächsten Tag damit verbringen, in der Stadt und deren Umgebung umherzuspazieren, in dem seligen Glauben, daß dort, wo ich ging, einmal die Großmutter gegangen war.
Ein paar Tage vor ihrem Tod hatte sie mir einen Brief geschrieben, der nur aus einem Wort bestand: Komm. Ich kam und fühlte mich geehrt. Man sagte ihr nämlich nach, sie rede mit niemandem mehr.

Das stimmte nicht. Sie war, wie sie mir erklärte, auf ihre vier Kinder, also auch auf meine Mutter, zornig. Nur zornig, wie sie betonte. Die Kinder, alle um die sechzig, hatten ihr vor ein paar Wochen, als sie beim Kaufmann war, den Strohsack aus dem Bett gerissen und durch eine Matratze ersetzt.

Seit Jahren gab es derartige Übergriffe. Doch früher hatte sie die Kraft, sich zu widersetzen. Sie besorgte sich einen neuen Strohsack und warf die große, einteilige Matratze nächtens über die Böschung in den Fluß, wo sie zum Entzücken der Großmutter dahintrieb als ein Floß, das in ihrer Einbildung von einem Fischotter bis ins Schwarze Meer gesteuert wurde, wo in einer Bucht ein Dutzend ähnlicher Matratzen auf die neue warteten.

Dazu, sagte die Großmutter, und sie drückte mir dabei die Hand, als suchte sie in ihrem einzigen Enkelsohn einen letzten Verbündeten, dazu nun auch die neue Matratze, die ihr untergeschoben worden war, wegzuschleppen, habe sie nicht mehr die Kraft. Doch nicht um mir das zu sagen, hatte sie mich zu sich gebeten.

Sie wollte vor ihrem Tod ihren Kindern von jenem Tag erzählen, jenem einen, einzigen Tag, in den sie die Energie ihres ganzen Lebens gesteckt hatte. Im Alter von achtzehn. So daß sie die Jahrzehnte danach nur mehr die Kraft hatte zu überleben, kaum noch Lebenskraft. Da sie aber mit ihren Kindern zur Zeit nicht spreche, habe sie nach mir gerufen.

Es war, erzählte sie, am 24. Dezember 1908. Sie begann ihr Tagwerk nicht wie üblich im Stall. Diese Arbeit machte an diesem Tag Franz. Er war seit September ihr Mann. Das aber wußte außer dem Pfarrer, dem Bürgermeister und den Trauzeugen – dem Gemeindediener und dem Mesner – niemand. Franz war das einzige Kind des Bauern, und sie, Maria, war die Magd. Im Frühjahr war sie auf den Hof gekommen, nach einer Woche waren Franz und sie ein Liebespaar. Sie empfand den um zwei Jahre Älteren, erzählte Großmutter, als ein großes Kind, tüchtig zwar als Jungbauer, fachkundiger in jedem Fall als sein besserwisserischer Vater, und doch nicht erwachsen; gewiß nicht so ernst und lebenserfahren wie sie selbst.

Wann immer Franz sie sah, wollte er sie zum Lachen bringen. Die merkwürdigsten Kosenamen dachte er sich aus, Hund nannte er sie einmal und wollte sich nur bellend mit ihr unterhalten, eine Tigerin nannte er sie ein anderes Mal, deren Streifen verrutscht seien, und die rückte er sorgfältig auf ihrem Körper zurecht, dann wieder sagte er, es gebe nichts Schöneres für ihn, als mit ihr zu schnattern, und er formte die Lippen zum Schnabel und quatschte drauflos, wobei er Liebesbeteuerungen und Unsinn durcheinandermischte, bis sie vor Lachen vom Schemel fiel.

Bevor sie auf den Hof kam, hatte Franz täglich mit dem Vater Streit gehabt, wobei es stets darum ging, die willkürliche Einmischung des Vaters abzuwehren. Franz hatte sich schon überlegt, alles hinzuschmeißen. Seit aber die neue Magd da war, kümmerte ihn der Vater nicht mehr, der konnte noch so schimpfen und toben, Franz nickte ihm nur fröhlich zu.

Diese Lebensfreude, erzählte die Großmutter, weitete

sich aus zum Liebesübermut, und schließlich heirateten sie. Heimlich, um in diesem Glücksmoment den Altbauern nicht sehen zu müssen: dessen eisgraues Haar, das an ein Leichentuch gemahnte, dessen starres Gesicht, das von keiner Gemütsregung bewegt werden konnte, dessen faßförmigen Leib, der den Tag über mit Speck gestopft und am Abend mit Schnaps aufgefüllt wurde.

Wir sagen es dem Vater im Winter, entschied Franz. Es gab seiner Ansicht nach einen Tag im Jahr, an dem das Herz seines Vaters sich erweichen ließ, den Heiligen Abend. Wenn der Vater einen Christbaum sieht, der nach seinem Geschmack hergerichtet ist, so Franz, stehen ihm Tränen in den Augen, und in diesem Augenblick werden wir ihm unsere Liebe gestehen.

Der Baum, erklärte Franz, muß von absoluter Regelmäßigkeit sein. Äste, die aus der Reihe tanzen, werden abgesägt, Löcher werden in den Stamm gebohrt und passende Äste eingesetzt. So daß man, um einen perfekten Christbaum zustande zu bringen, einige Fichten opfern muß.

Sie hat, erzählte Großmutter, den Dezember genutzt, um sich in der Technik des Bohrens von Stämmen und des Einsetzens von Ästen an mehreren verkümmerten Fichten zu üben. Schließlich hat sie am 24. Dezember aus sieben wunderschönen Fichten einen geradezu überirdisch regelmäßigen Christbaum gefertigt und mit weißen Kerzen und roten Äpfeln geschmückt.

Und wirklich, Heinrich Leibner stand am Heiligen Abend fassungslos vor dieser Pracht, und als ihm

auch noch Tränen in die Augen traten, umarmte sein Sohn ihn, rief, diese Herrlichkeit habe man Maria zu verdanken, Maria, die seit geraumer Zeit seine Frau sei und somit die Schwiegertochter des Vaters.
Unvermittelt brüllte der Altbauer los, ohne seine andachtsvolle Haltung zu verändern. Er schimpfte Maria eine erbschleicherische Dirne, seinen Sohn verfluchte er sogar. Und er wies beide vom Hof.
Sie rannte in der Nacht, die eine heilige Nacht auf dem Bauernhof hätte werden sollen, zum Bahnhof, erzählte Großmutter, nur mit dem Rucksack, ohne ihren Koffer. Franz, ohne jede Habe, lief ihr nach und rief immerfort, sie brauchten sich diese Gemeinheit nicht bieten zu lassen. Auch er löste eine Fahrkarte, vorerst bis Ljubliana. Der Schaffner, dem sie sagten, daß sie das Land verließen, und den sie fragten, ob er wisse, wo es Arbeit gebe, sagte: in Belgien.
Dorthin fuhren sie. Es gab Arbeit in den Kohlengruben. Zwei Jahre später in Hollands Landwirtschaft. Dann im Ruhrgebiet. Dort, sagte die Großmutter, im Ruhrgebiet, kam deine Mutter zur Welt, im Jahr 1913. Sie war das jüngste der vier Kinder. 1914 aber hieß es zurück nach Österreich und hinein in den Weltkrieg. Franz war unter den ersten Gefallenen. Er wird vergessen haben, sagte sie, in Deckung zu gehen. Er wirkte ja seit jenem Heiligen Abend wie vor den Kopf geschlagen.
Sie zog mit den Kindern weiter, immer dorthin, wo es Arbeit gab. Schließlich war auch die jüngste Tochter, meine Mutter, alt genug, um Arbeit suchen zu müssen. Dabei traf sie auf einen jungen Mann, meinen späteren Vater, der ebenfalls auf Arbeitssuche war.

Alle in unserer Familie, sagte die Großmutter, kamen dort zur Welt, wo es gerade Arbeit gab. Auch du. Nach dem Ersten Weltkrieg, alle redeten von Wirtschaftskrise, hieß es, daß in der großen Fabrik in dem kleinen Kapfenberg Arbeiter gebraucht werden. Dort bist du zur Welt gekommen. Aber du bist nicht dort geblieben, obwohl du dir bereits alle Untugenden dieser Gebirgsgegend angeeignet hattest, das Schifahren und das Klettern.

Du gehst dorthin, wo es für dich Arbeit gibt, wo man deine Geschichten liest, wo man deine Geschichten druckt, wo man deinen Geschichten lauscht. In verschiedenste Städte, in verschiedenste Länder und Kontinente. Das beruhigt mich. Das beruhigt mich so sehr, sagte die Großmutter, daß ich in Ruhe sterben kann.

Doch ehe sie starb, beschaffte ich ihr am Weihnachtstag einen Strohsack. Die Matratze trug ich zum Fluß, legte sie aufs Wasser, stellte einen kleinen Christbaum drauf und daneben eine Kerze, damit die Matratze, wenn sie im Schwarzen Meer ankommt, im Schein der Kerze die anderen Matratzen findet.

Zur zwölften Nacht

Oswald Egger
Zwölften

1. *Wieder die unfaßliche Menge der Dinge,* in Kummen und in Rinnen, ich drück Türen mit dem Hintern zu. Wo eine Mulde sein will, sind Hügel, wo Hügel sein mögen, gabelt eine Klamm, die klaffende Brühl, und wo der Steg unter dem Schnee geht, knirscht Firn, kein Weg als weiße leere Weite. In einer Wuhne, zu beiden Hüften vom Fließ, von morschüberfrornen Salweiden umsäumt, und Trögelchen in Torf, staks ich mit dem Rodelboot vor. Nur eine kurze Wendung nach der wammen Flanke, im Hamen liegt nun eine Eislagune, glosend lohes, unlichtes Schilf von Grashirse und Schwengel-Binsen undunkel im wie Teig- und Auggrund kleiner Teiche. Vom Reisigufer her bedeckt ein feiner Reifteppich wie bespuckt das Eis; der satte Wasserflor zerfällt in unzählig winzige Dreiecks-Zackenblätter der verspelzten. Aus dem Lochgrund brunnenloser Tromben schnorcheln Strudel, puscheln Wirr'belquellen und Dralle-Bällchen als Fächerchen und Scherben, die mit satten Eislamellen, mitunter zersplissenen Keimfäden vom Brodem emporloderten in die gilb bedeckte Federwatte, Tausende Dotter-Blüten schwimmen, als ob Dippsteine pitschelten, auf fast unverwühltem Wasser.
Ich habe die vom Kälberpferch halb mitgebrockten Balgstückchen der Spalter mit zwei, drei Meißeleisen

in ganz dünn-viele, knötchengroße Fetzen beschabt, wie Fels- und Grasbänder aneinander, durch eine am Futtertrog befestigte Sargschraube geschützt, daß sie gerieten: mit Schurpflug mittels grindiger Windhammer auf der Klammer zu Quadergaden, zu Tschuppen gespleißt wie eine Puppe für Viehglück. Prickel-trüb still, das übergilbe Apern und Verlanden der Gruben und hinabjagenden Schochwälder zu Schaum- und Dämmerfädchen quoll, mit Welkgräser-dürrem Wermut – der erste Asche-Schnee.

Beginnt das Areal vortreibender Sicheldün'chen zwischen Himmel und Hügel, immer, areal? Da ich einen Apfel auf vom Boden hob, bekomme ich bösere Krätze; da ich auf Zwirnknäuel tritt, hing ich Schellen in die Brunnen und tote Elstern vom Stall: ich schlafe nicht. In den Wocken motteten abglandernde Mergellagen, in Ocker-Quasten kämm'ben bald aufgetaut, Zwirn-Schicht verfilzt von schwimmendem Firn im Schilf: das Glas ist wie Gras, dessen Flachs und Seggen verschieden inzwischen quäst.

2. *Ich tue Späne vom Firstbalken der Stube in den Viehtrank.* Da blauten die Dinge, zig mal neunzig Heistertiere, Haufenschafe mit Flickhauben und Stiefeln. Die Werge spinnen mit, aber das Garn hält nicht, und Wurzelkraut, die umberfarbigsten Schwämme und Bläschen, durch Aufbisse in lauter Tropfen zersplitt'sert zu Eis-Schellchen, Geschiebe oder Rogeis-Flokken, diese Windakazien Schoppen, Ranken und Verzwieselungen, innen in den Beeren, die zu unlitzen Glutfunken hing'ten, inzwischen Ruß und unverschwärzten Ästen, die Hecken, Drupfen, Stauden gestrübb, und Trauben, Pappeln blink'en aufs gefrorenere Moor hin. Ich habe nur zwei Wespenpuppennester in eine Wandschwelle geritztes Knochenloch gelegt, je *wiëcher*, desto besser, und in Lappen gewikkelte Maden in die Glocke um den Nacken der Vieher gezurrt und diesen den Kuhschweif verknotet. Zu Knirschringen sind in die Schneeschlämm unzumeist feisteste Eisstapfen gereift, daß ich auf Blumen, wie gelbe in den Sommern der Gerste, ganz ganz leise ausleichten kann.

Hoben die Vögel, die Flocke und das Folk an, gemeinsam zu fischen? Ich krümelte die Brocken vom Tisch und buk sie im Ofen zu Brotzopf. Jetzt unterbrachen hohlgroße, grauquerle Schloßen diesen Nebelfrost doch, und Wollkochkeime teilten den Mittwinterteppich, und die Weberfladen troffen wie Kehricht auf im Gaden einer Zulucht, zapfenherab, sie schienen zu schwanken und zu kalben, untief, in den Senken; oft hat eine Scharbe Barsche ergriffen, oft sogar vergeblicher, fast gelinge es ihr nicht, herauf an die Wellfläche zu schnabeln. Dann hilf ich mitunter einem Handhamen nach und es vereisterten beide, Vogel, Flocke, an Angelschrapen schaufelnd, faustgroße Austern aus dem Fließ. Die Brotschnecke im Backtopfzopf vom Ofen, das bald ungebilde Kranzgebäck, die Kugelglocken. Ein halber Zirkel wird halb gestanzt; hinter die Bukwuchte der Kuckucke, die, in spottlosen Abständen aufsteilend, Wassertreter staksen, und umsaum treibten Wähen in die Reusen, verengernd, Schwarmquappen vor sich her, die Scherung,

Tocken und *Poiaz*, dem seichten Eiswasser entgegen: Jetzt können auch die Tiere reden, die Bäume schlagen aus, und der Hopfenstock, sooft auch Frost drauf loderte und pfropft, sprosst hoch.

3. *Zwerge kommen zu Besuch, die werden bewirtet.* Ein unübersehbares Meer weißer, hoher Gräser äzt ihr Schrittgewicht, während der Watsand schwankte und die starren, immergrünen Schlitzpflanzen spürbar eingeißelten auf meine Füße: eine blauere Mauer aus starrenden Augengräsern drogte, die aus dem Untief im Schilfwasser emporstrudelte und mich versengen will. Die ersten Stimmen und viele Stimmen wachsen aus vereisten Teichen, Buchen, Pinien schließen sich zu Fingern zikkurat, und die Blautannen knistern zwischen kalbenden und loderblauen Lorbeerblättern und lockeren, die welken. Ich wirf Äpfel und Nüsse in die Esse, bis der Waul kommt, und setzt sich hadern ins Zeug, und die Wäsche bekommt Löcher und dreht sich wie an Schnürchen um die Wette. Und bald beginnen Tag für Tag zu sinken: die Brack ist wintern, immer, seichter; im Ungewirr bestilzte Binsen tsickten nur offenere Schlickeisflächen unvermehrt, obwohl das Wäschwasser strudelt noch, Wirbelgarben. Dann x-zig Hundertste und Hufe der niemals zu vielen Pfeifen und Ammermeisen, und Goldamseln, ohne Kamm, tucksen, angeflockt – ganz ununtertauchende, die ich nicht füttern will (mit mehlig gelben Äpfeln im molen Schnee). Ich schließ die Viehstalltür mit Spiegeln, die in Schwirrflügeln dem Vorabendzug folgen, und Scharben, in viel helleren und stillen Scharen.

*

Doch der Wiesensüd ist gut, und die Zugtiere flüchten immerzu entgegen. Ich erreiche die ungewellte Bodenwalze, von da aus Haube, Binsen, daß es witterte, es tobte, oben, wie von Tiermeeren aufgebauscht, eine wilde Jagd. In binnen Dünen kieselsaurer Erde, deren Ungrund von Aschentuff erloschen ist, glimmt und spiegelt zwischen Hügeln eine Hagelfläche durch, aus deren rauhem Regen moorblau dürre, farnhaft gefrierende, fast Seepferdchen in die Höhe flämmen. Da strahlt die Quellje erst und bindet sich als vielknotiges Band zu Liebstöckelbesen aus Kieselblütigen- und Moosbeerstengel-Nesseln, jetzt ohne einen Halm. Gras, das seine Wurzeln in der Ache tränkt, inbrüchige, verfallene und zermorschte Formen, in Eis gefroren, und in der Rauhnacht versenkt; Flachsknocke, die Beutelreuse Kumme: wie die gehechelten Fischkäscher. Wie Salz, Brot und Ofen eins sind, ist meine Herde auch eine.

4. *Ununterbrochen stapfe ich durch Rudick-dichten Tuff.* Ich liege im Überwind der Inlanddüne und sehe zwischen Küste und Wüste Wähen selbstzerfließen und verbrennen. Ein wenig Deckung gäben die Halme der Sanddornhorste. Der Himmel pockte sich: Blumen und Anberge, Vögel, inmitten chromgelber Streifen aus Kreide. Baumformen, die auf zwei Beinstrünke beschränkt staksten, indem das Hechel-Bein zum Zweigelchen auskeimt, das satt verästigt, als Stelzchen armgefaßter Klauen dient, dürr und wintergrün belaubt, wie eine aufgeplatzte Windhaut, die ausrinnt als zwei schalere Tiereier, von nachgiebigen Zwieseln

ringsrund umgabelt: ausbeiz'te Gletscher, das Klopffleisch mit Holzforke durchbohrt jetzt, herzbangem Zwang, die Schulterspalte, überkniet, drängt zurück und kippt, der Nickkopf koltert sich zum Rupfwulst-Loch besonders dort, kokelnd, wo Boden wackelt.
Böen, daß ich zu fühlen meine, wie das ganze Trögel (der Rodel) bebe; wenn ich Husten muß, tue ichs in einen Gumpf. Sturm, und die Arven wanken dähsig, kaum vernehmlich (und doch vernehmlich), zwischen den Tannen sanft Gränen und Stämmen rieselte die Saat der Firnblöcke Granit ausgespreitet, die wie Zirmfeuer brennen und vor Wacholder grannen. Ganz raumer Wind, zumeist mit Staubflechten und Pulverpilz gehüllt, in Platen von solchen Stroßenwall-Pfosten losgelöst, wenn nicht sogar in Grauwack zerspelterte Nebelschatten auf der Länd-Stelle geflözt. Sind-Lichter, die gießend sinken, und Elstern, die ich schieße und verbrenne, siebe ich aufs Vieh, aber die Asche, Flusen davon, worfle ich lieber in die Saat, wenn sie noch warm ist. Ich wate bis zu den Hüften mit den Armen im Kirnfaß stämpfeln, als ob ein Buttertrog wogte, und sichere Unschlitt vor dem Versinken: oft hätte ich über den Staksgrund nicht kufen können, aber häufig.
Es gibt Wälder, die verschneit sind, mit Baumschlag bei den Bächen; wie spottende Teppiche fisslig hingen Schlingbindselpflanzen frostbruch-wässrig von den Wipfeln, bis zum Weiher herab, wo diese Fasereis-blasse Rißhaut über die Moorwabenflächen der Sillwiese gerinnt, unrunzelig. Der Tag ertrinkt im Talg von Wirbelwegen, wie zwei Eiswände die Gelände

einblanken, das *Kascheln* der Kinder. Im Mittwinter tobt die Windbraut am ärgsten.

5. *Immen, die im Schnee verschwimmen.* Kiene, Spanlang, Kristalle aus klammem Firn mit zerfurchter Eishautfläche und schroffen, scharfen Kanten: waben war das Gestöber körnig, bestanden von den Stellen, wo Streifen tritthart, jede Schneewähe, durch Unwinde zusammengekehrt, den Weg durchkreuzten, nichts wie Weg. Fußtief, ich erreichte an den Pflugwällen nicht mehr als hüfthohe Schneehöhe. Dabei stoben Schloßen aus ganz feinen Grannen, so daß Flocken beim Aufeinanderschaufeln dickicht zusammenbackten und der Firn zu Staub-Pulver auseinanderfiel. Der Teig geht, ich drücke ihm Muster ein, mit Spangen, Fingerhut und unrunden Dingen. Die Teigform klebt fester und tafelt sich beim Walgen im Handgemenge zigblättrig ab, knätige Krusten von mächtiger Wälzdicke und Knetfestigkeit: bisweilen verbreit sie tüchtig, unbemerkt und vollends. Ich grub einen Topf in Form des Schädelknochens in den Boden, der troff-sott vor Tierfett, darauf lüpfte ich glühendheiße Ziegel, um das Fett zu selchen und durch Siebe durchzurauchen.
Taut ein schmieriges, unverschlammtes Schneegrau, erdfarben sämig, bläulich verfärbt, und die welken Fruchtpendel hoben und senkten sich wie ein Blasebalg, stießen Ringelwolken von losem Schwefel aus, zurrten zurück, und qurrlende Schlammquelle, die Augen warf, die taute die aufplatzende Quallen zipfelig und schluckte sie.

Brocken, die ich in Lappen wickelte und zweimal durch den Schornstein zog, das Kesselmaul der Häch'ksel, die sich am Grab-stickigen Qualm berauschten, glucksend fast, schnalzend. Ich ließ mich würgen, aber sooft der Schwefelruß verstoben ist, überall verteilt, schwelten die Taue aus Reusen und Trichtern, sämigere, dürr'ste Wölkchen, die in der Luft pafften und verdampften, wie betäubt. Als Staub tausendster Ösen kroch ich an das Licht, das mir unweit entgegenbrannte. Ich schaute wie in einen Spiegelbrunnen hinauf, etwas, aus dem eine neue Welt gaukelte.

Und die ihre Hände aufhoben, hoben sie nicht auf: Der Abend überschob das Gesicht mit Seen und Gesehenem, Ungegenstände flammten als feurige Knickfalten auf, Windinseln schwammen über Hügel und Brühl, Knitter-Zinken und poröse Kehlhöhlchen im Stroh, hinter denen Kipplicht sengend auseinanderstürzte.

6. *Himmlitzen bin ich Aug in Aug verglimmt.* Aber ich brannte nicht: Die Blitze rissen solche Wolken nachts zu bunten Ruszeln, sie zeugten grausige, sabbelnde Ungesichter. Dann geschah, was über alle Maßen ging; ich legte den Genickkopf tritt'schgt quer seitwärts auf meine Schulter und blieb nun scharrender ein Klauenvieh zu borstig an der Krippe.

Die Talsohle lag als grundelnder, ohne Himmel stinkender See. Ich schaue wie in einen Wasserspiegel hinauf, aus dem eine neue Erde strahlte, kieslig. Ihr Himmel floß in kräuselnden Wellen, darin pflückte

ich still Wolken, fast Netzsäckchen- häutige: wamme Schwefeldämpfe geistern wie als verzahnte Tropf-Knospen und Flammen auf dem umbernen und Tellerhand-Talgkessel, doch wie kochende, stinkende, kriechende Tunke an den bodenlos brodelnden Augen in Wabenform, und stierendere, die sieden, wie Siechbeulchen in Kuhlgruben aus Erde: ein lehmgeschlammtes Bläschengrau binnen windfarbiger Wimpel, die bald blauseln, dann welk tun, bald deren Molke Kochhaut, welche jetzt im Topf sott. Es hob und senkt sich ein als ob abgelaschter Blasebalg, steppt Wolken von den Dämpfen aus dem Letten, zurrt zurück; und die qurrlenden Moderlochfläche mit Schlämmquellen, die spucksten Zungen, wamsten hüfthoch, schlenzen und schnaltzen wie Münder, wie lippaufplatzende Quallen, das Maul ersteckter Würg-Tromben in Drillform-Fumarolen, Dutt'gtglucksende, wispelnd in umstanzter Wälz- und Schraubenform, verbreit, fast feierlich.
Mein Pappschlitten sinkt nicht in dem stinkenden Pampf, es stick't und rodelt daran, als kuften Bug-Schiffchen tritt'sch'gt, woraus ich mich unbenommen taub emporzupaddeln suchte. Ich kroch an das Licht, das mir von weitem nicht entgegengluckste.
Bald wird auch der Wald lichter und weniger hoch, Gesträuch tritt in die Lichtung, die mit Schlingpflanzen vollständig verästigt ist. Augengneis Bäume mit Hornstumpen und Kronen sehe ich fast gar nicht, statt deren Häufen, hoch und spitz oft zu unförmigen Kumpfen vermagscht, sich gegenseitig überwuchernd, das Gestrübb erstickend. Vermehrt sprießen

auch hohe Schilfbülte vom Ufer und länden; schwimmende Farne, die die Fahrrinne verengen.

7. *Erschöpft kam ich schließlich nur zur Frist vorwärts.* Wenn ich um den Plindegiebel, keine Zarge, das Bekanten der Balken, immerzu herumwendete und einige Schritte abwärts kniete, stünde ich plötzlich am Rand einer flack abfallenden Stallwand. Gewaltige Spelter von den Gaden, verschrofft, mergeln ab und zerquästen deren Zwickel, Flühe-auf, überall fall'zen Birkrüsterbretter und Espen in Kiene, Schindeln und Totholz vom Löß, poröse Felsen, Balken auf die Trappe Brockenklamm mit Fallganghaken an der Gargel aber, der Faden folgt der Nadel.
Der Sturm hatte mehrere Planken gelöst vom Prahmstall, so daß ich an der Tenne stand. Auf mich zu wankte etwas, wie von kleinen Heufeuern angefacht, zu. Der Wind zehrt am Geröll-Schopf, ich meinte, ein Kentaur galoppierte als Stollenroß durch zornige Nebel, bleierne, dampfende Fetzen, gärende Schatten. Auf nassem Wintergras glastete verschwärzt etwas, und in dieser Teer-verblankten Darre blakt eine Lorre (ist zu hören) voll geballter Schwere, Schnürchen, himmlitzend Stücke verschwaden die Wolken, und das Roß selbst, als tobender Oktober, stolpert zwischen Himmel und Brühl.
Ungewirr hinabstürzende, vermorschte Tannenstämme lärmen, von einem schmalen dunkeln Moosband gesäumt, ein totes starres trampelndes Wasser, Moorlöcher, die von strotzenden Goldbrokatblättchen mit dünnsten Kochfäden seiden überkleidet sind, Steine.

Da tönte ein vielstimmiges Röh-Röh aus dem Heckendick dem Dünen-Kamm entgegen. Sehen konnte ich die Beiz nicht inzwischen dichtgewirktem Stampf, das braake Rohr der Torfsümpfe: niedrige, gelenzte und verwaiste Spangenbaum-Stubben.
Ich beschleunigte die Schritte, das winterdürre Gras wird distelig spitz an dieser Stelle und aufplatzen. Erde quillt wie Moder in Glocken zwischen Krume und Schollen und klafft zu tosenden Lehmsprüngen (in Ohrrosen) auseinander. Ich bresche mich ans Kliff vor, in Asche zerstäubt, Ginsterbüschel stacheln und – verdrahten. Wolken sogen sich in Unbucht und Unkraut-lichtem Ungestrübb; Mergelerde hatte sich auf die Schuttstufen gemurt und das überwälzte Terrain vereist. Wo ich mich über Brunnen beugte, blendeten die Bilder. Das Meer aus Lichtern femerte, mit Strickringen an Riemchen, die Spalterhalde zum Ausflokken den Stollenboden 'lenzte die Geräder.

8. *Aber ich werde sie nicht finden.* Roff-Sträucher und Stauden plotzten unbelebt im Schnee, und die Sonne übersohlt das ganze Brachfeld. Ich bin in Kobeln verworren, und ich drängte mich inmitten Schilf verängstigt unzusammen als ein Knäul. Andere, die noch nicht waten konnten, spien Spuckkügelchen an den Firnrand, einige der Tiereier waren zu Brei gespellt, und aus anderen wieder schlüpften Pieks-Küken aus vor Schreck, geborsten, wie ein Kletzenbrot am Wekkenstück. Ich riß Federn und trieb damit Raupen aus dem Kohl, den ich esse, Engerlinge und wimmelige Grütze, mein Joch blitzt in der Sonne.

✡

Als ich mich zum letztenmal umdrehte, sinkt meine Hand ins Haar und der Rumpf wird noch tiefer abflauen, wie ein Tragsack in den hängsaum siebnachgiebigen Sand. Ich habe den Schnee von den Gabeln dreier Wegkreuze geholt und in den Schafstall gestreut, damit Wölfe nicht das Vieh zerfleischten: Ein Tritt'schgt seitwärts und ich würde gefährlich einsinken. Und die Griff-flinken Gespinste wickelten sich Windelwind im trockenen Heerrauch welp, verspielt, als ob ein Schneehuhn, aber aschen, nur noch Glut vergießt.

Verstand es der Fuchs, sich durch Abbeißen des Laufes aus den Fallen zu befreien? Oder habe ich die Trappe falsch gestellt, die Feder zu stark angespannt, so daß der Knochen zersplitterte, ihren Kniff derart befestigt, daß sie nicht nachgibt, wenn das Vieh versucht, sich vom Spuk zu befreien – Knickbrüche, die Pfoten hingen nach kurzem Ziehen bald nur noch an einer Sehne. Das Tier, bald vor Schmerz und Wut kirre, beißt so oft in das Eisen, daß der Schmelz der Zähne zerschellt.

Es zernagt dabei die bereits taube Pranke und reißt sie ohne Gefühl ab. Ich umwickelte die Bügel der Beiß-Eisen mit Hadern, um dem Tier Schmerz zu ersparen. Zu meiner Verwunderung hatte sich nun der Welpe selbst befreit, und zwar hatte er sich oberhalb des Eisens abgebissen, noch dazu exakt im Gelenk, der zurückgepflockte Stumpen wirkt wie sauber abgenommen: Die eingeklemmte Stelle war unverletzt, der Knochen ungebrochen heil. Als ich den Balg mit der Keule schlug, da platzt die kluckernde Wampe auf.

Ich löse und spalte die in Fliegen verwandelten Eingeweide aus dem Wanst.

9. *Ich floh nicht, wenn man mir auf zwei Bissen Brot von einem Pfosten geschnittenes Moos gibt.*
Verbrämte Antlitzbüsche am Saum der Wolken- und Wacholdertobel brannten, den Zirmglanz unverwandt, als wäre Milch von der Glockenkuh ins Ohr gegossen: am Randkrater stand ich, verzehrt und unter alles Schwelen der Risse der Gletscher, Reiffelder, eisigere Stubben und Furchen, und es dampft Tang aus den Wampen am Hang: ein Zwirbelfelsen Dämpfe hob sich aus dem Koch, breitete sich aus als aufgeplatzer Dunstbovist und raubt mir, Brodem und Darre, fast alles Atmen: am Karstrand als Schatten, aus der Rauhnacht gebaucht. Und nun jagt er wie eine Wocke Morschtrog tölpelt über mich her?
Stiller, heller Abend, der Mond hat seinen Hof über die Frostkronen der Haseln und Felber docht erhoben; Wälder verkrumen im wuzeligen Flimmern auflodernder Baumschößlinge, und ich erkenne nicht, sind es Inseln oder Rogeis angeschwemmte Steine, die jetzt in Weiden hingen: bin ich dieser Niederwald, der vor mir liegt, selbst, wenn das Prahmboot zu nah an die Flugsandfläche heran'tschunkt? Es sollen Mühlen niederbrennen, das Getöse ist dieser trolle Schöffenlärm ins hügelige Grün, immer, wer in den Hedeweg kommt, durch die Perchten verbracht, werde sterben zuerst.
Kommen und Gehen, An- und Abflabben, als ob Schnee in Stäte fällt, beginnt wieder dieses Waten im

Riesel-Prielsand viel zu früh in den Watten, die feuchtplotzig aufgetauchten schrägeren Grieste, diese zwiefach gezwickelte Heuwulst erstreckt sich, dehnt und betupft unverbrämt geschliffene Federn unzähliger Tüpfelchen; gescheckte, die sich nun wieder über viele Scharben im Quadrat scharen, dort hin und wieder erhob sich ein winkelartiges Ungewirr stacheliger Hecken.

Durch sumpfige, von Schliffquellen gespeiste Alluvien, dem kleinen Kieselfels abgehalten, trifft der Fluß erst beim Einbug des Eises noch einmal festes Ufer, welches kaum durch Schmilzwasserstränge, teils in erstarrter Abschwemmung zu einer verschlammten Böschung überteert ist, ein wittrig hervorspringender Niebelbalg; im Göpel stehend, klamm übereinander, in unförmigen Unklumpen, wie diese Trümmer Feckse oder im Fegepflug (Schäufelchen).

10. *Während ich dies schreibe, habe es wieder geschneit und dichter als neulich.* Ich betrachte die Flocken wie eine Schnur von Knoten schräger Fäden: so, wie Schnee vom Himmel herabfällt und den Sternen ähnlich ist, solange er glomm und sich in Nichts, das ist, verflüchtigt: förmlich, irrwisch und *hurnigelnd* selbstzerschmelzend zwischen den verschlafften Händen.

Auf allen vieren rutsch ich über die neuverschneiten Stämme; nur ein fingerdünner Spalt schlingt sich schmiegend am Frostfelsen vor, um dort Lachen zu erstarren, die, von sumpfigen Mooraugen umringt und Bülten, Auen, Horste von weniger hohen Tuffsteingneisen gabeln, ausnagen und umspülen: kleine, buntlappige Trupps fallen dicht-an-dicht und laufen vor dem Schnee her mit all den anderen Klaubtierchen auf; die Habergeiß sengt in die Felder Spurren, und wie gemehlt streift ein Rudel kecker Wërtiere im Firnsack durch die Reviernacht.

Oft bin ich schon getrost, selbst ertastete Eiszapfen zu halten, den Glast- und Grastorf, klirrend, die umbernen Ruckekegelchen der Lößterrassen: Wie vereinzelt stehende Stapfttiere, die im Schatten der Schilfknollengräser Beute verkauen, sogar bald halb in Grus und Sand begrabenere Kolben aus Glimmer, deren Keimvorsprung und Klaffschaft tief zugekarstet einschrofft, V-förmig schartig zerklüftet in gebolzten Blöcken aus Granitgneis heraufhagelnden Kogeln.

Manchmal verbricht eine Staude mit perlmuttroten Blüten oder scharlachhell glasender Glocke: durch die ausgesparten Spanten, zwischen Rutenkorb und Stock, inzwischen Krippe und Futter.

Der gleichmäßige Paßgang meines Maultiers schläfert mich allmählich ein; eine einförmige Masse von verwornen Rissen durchschnitten, geradezu gepfurrt: Dickicht in den Knaststellen der Maste, strackse, luchsfarbene Vieher; ein wenig pluserig und mit aufwärts gebogenen Schnäbeln sind die mundwulstdickt'igen Pfuhlschnepfchen, die eine aschlippenfalbe Kehl-Wulst von der Brust bis Bürzeln hinter sich krausfaltig in Kringelchen einschimmerten, während die völlig ungefiederten Schleierkäuzchen durch und durch Flurlöcher verschwärzte Wiesen hohle Knubben brüten, und zu Gabel-Schwalben Filz- wie Schirmdisteln der verpfützten Marsch.

11. *Und in sich kehrte sich die innige Sphäre nach außen.* Schneemassen, die sich langsam, doch mit inschüssigem Gefälle herabwälzten, bis zu den tief eingebuchteten Rändern, die zu geraden Linien verstrichen sind, mehr ahnend als zu sinken, Fallgriffe zum Stufenfluß im Gletschertopf, über diese Schlangengänge hoher, wankender, brennender Blumen, wie zwei Treppen mit Geäder und Blättern. Gegenwart und Gegend sintern nicht gegenständlich sichtbar, Falzer und Klinke. Kieselige Pol-Graupen mischten sich in weißere Schatten, von Violenvorhängen und schrägem Regen, von Nebelblumen und Schneetrift, die unaufhörlich rege ineinandertobten, alles verschlangen, in sich selber Balg-weiß resseln Streifen undurchringelten, bald ganz blankgewälzte Flächen, bald Schneebalken und Reifweide Eisgespinste, und sogar dicht an einem Priel, der bis zur Vorterrasse sich durch Sandfangpflanzen sog, nicht die Löß-geringste Linie oder Wähe eines Rumpfes.
An mahlenden Stellen trieb es zwischen hervorschiefernde, lichtspitz-Klippchen und Zinnen Trog-scharre Spalten, die reich mit Erde ungefüllt sind, und die man nicht sieht, wie zusammenklammp'te Erdschollen verzopften, weil Wurzelbulster, Moder, Moose, Steinmulden- und Sattelklippen durch Verschüttung unter dem Haldensturz verdeckt tun. Ich habe zuerst eine Schramme auf Strosse eingestuft den Stein, bis auf eine Tiefe von Füßchen, gegen Liegendes, andererseits gegen das Hangende abgeräumt strömern und – nicht ufern.

* Die Grimasse der Zwölften ist, daß ich sie überall be-

treten kann: Eine leise rieselnde, leblos lebendige Veränderung, und alles *Räumde* daran, der Raum, in dem ich atme, ist nicht mehr derselbe Raum, der Boden, auf dem ich gehe, hat keine Wirklichkeit, die Fenster, durch die ich schaue und erblinde: Auf dem Weg hat mich begleitet ein rauschender daran, Immer-Stern.
Allenthalben lange Schatten und Latten, an deren Spitze echte, aus dem Mark der Farnblattrispen nachgeformte Köpfchen eines Ibis (auf grauen Pfropfen) tanzt, wie zu Fitzchen getrieben, und der Schatten schmolz Frostbosseln in den Tanz, auf den Gräbern dehnten sich die Turmhalbschatten unrund, wie Unruh-Uhren ohne Zeiger, und kein Zifferblatt.

12. *Aber der Schnee blieb nicht liegen.* Einzelne Flocken nur, schlaffe Hauben aus Staub; sie dichten unzusammen zu einem Vorhang, der immer holdloser die Welt in der Welt vermascht: jetzt spierlte eine wirbelnde Galliarde in der Luft; dann sacken die Flocken korngroß schwer zu Boden, bedecken das Gelände; nur das Binsengras sticht in Bülten wie Onyx aus Weißem; starr, und frostig ocker.
Schiefergelbe Wolken schieben sich heran; sie trüben und verbrämen ihre undunklen Umrisse: eine Rotte sich bäumender Unwettertiere stampft über das Firmament; ein Sturmozean brandet, schleudert ein Geschwader nebeldicker Segelschiffchen vor sich her; Orkan! Wie aus Kuppeln Wänden maskenbald Fratzen herabstiegen, Höhlen keiner Augen, so daß ich schauderte.

Ich zog Brot auf dem Hofplatz durch die Löcher in der Erde, die Mäntel rauchten, ihr Nebel verwischte, was eben war; schroff ein Sturm zieht durch die Gruft auf, und doch blieb diese Gruben-Balge weit falber als alles. Molke, kein Stern. Lehm und Teer vermengen sich, die Schatten dicht über mein Gesicht, vom Strom-Drall gebauscht. Der über die Böensteine springt und sich in Bassins sammelt, ein Salmbach, und von allen Tuff-Felsen ringshin stürzen sich die Buchen und Lärchen, die Tannen und Kiefern, auch Akazien auf das unmuntere Gelände.

Wer Kerle sehen will, muß auf deren Hadern gehen, das Trikot, ein daran gluvender Triumph von Buntlumpen: wie von fremden Schwindeln erfaßt, stürzt Wasser vom Grat, wird durch die Bergarme eingerahmt. Der Himmel floß in Windkübeln wie Wellen und Mühlen in die Klamm, und darin pflückte ich Wolken und die drückende Stille, in der diese sich rüstet, bläht und wiederverdichtet.

Kuhrauch sah ich oft und zu Hunderten am Ochsentrog stelzen, dazu gesellten sich klagende Taucher und Spötter, die beim Näherkommen (Zug mit schwerem Flügelschlag) davonflögen, wie fliehende Sichelchen; aber nur, um wieder wie Immen- und Windrädchen (als ob Totenkopfvögel schnad- und schnatterig) niederzusinken; und um mich am Heim zu halten, bekam ich mit Salz von Steinbrocken genommene Flechte und Knotten-Moos: Elfundreißig Nester lagen so wirr und eng nebeneinher, daß sie sich umsaum kaum berührten. Die Spinnerinnen sperrten ihre Räder, ruhte der Werg.

Autoren- und Quellenverzeichnis

Sämtliche Erzählungen sind Originalbeiträge oder erscheinen zum ersten Mal in Buchform.
Das Copyright liegt, sofern nicht anders vermerkt, bei den Autorinnen und Autoren.

Reinhold Batberger, 1946, lebt seit 1969 in Frankfurt am Main. Zuletzt erschien im Jahr 2008 *Der Jahrhundertjongleur Francis Brunn. Ein Portrait.*

Esther Dischereit, 1952 in Heppenheim an der Bergstraße geboren, lebt in Berlin. Sie ist Lyrikerin, Erzählerin, Essayistin, Theater- und Hörstückautorin. Nach dem Erzählband *Der Morgen an dem der Zeitungsträger* (2007) erschien zuletzt im Jahr 2009 *Vor den Hohen Feiertagen gab es ein Flüstern und Rascheln im Haus* – ein Werk, in dem Dischereits 2008 geschaffenes akustisches Denkmal, *55 Klangzeichen*, in der Stadt Dülmen dokumentiert wird. 2009 erhielt sie den Erich-Fried-Preis.

Oswald Egger, 1963 in Lana (Südtirol) geboren, lebt auf der Rakentenstation Hombroich und ist Professor für freie Sprache an der Muthesius Kunsthochschule Kiel. Von Oswald Egger wurden Gedichte in mehrere Sprachen übersetzt. Oswald Egger macht – neben Lesungen und Rede-Performances mit Aufführungscharakter – auch Ausstellungen und Künstlerbücher. 2010 erhielt er den Oskar-Pastior-Preis. Zuletzt erschien im Jahr 2010 der Gedichtband *Die ganze Zeit*, der mit dem »Preis der Stiftung Buchkunst« für das schönste Buch 2010 ausgezeichnet wurde.

Urs Faes, geboren 1947, studierte Germanistik, Philosophie und Geschichte in Würzburg und Frankfurt und promovierte im Jahr 1977. Er lebt als freier Schriftsteller in Zürich. Seit 1989 hat er zudem einen Zweitwohnsitz in Umbrien, San Feliciano, Provinz Perugia. 2008 erhielt er den Schweizerischen Schillerpreis. Zuletzt erschien im Jahr 2010 der Roman *Paarbildung*.

Saskia Fischer, 1971 in Schlema im Erzgebirge geboren, siedelte 1986 mit ihrer Familie nach Nordrhein-Westfalen über. Sie studierte kurzzeitig Germanistik und Theater-, Film- und Fernsehwissenschaften an der Ruhr-Universität Bochum und war in verschiedenen literaturvermittelnden Institutionen tätig. Nach einem Aufenthaltsstipendium des Berliner Senats für Nicht-Berliner Autoren am Literarischen Colloquium zog sie 2006 nach Berlin um. Im Jahr 2008 erschien im Suhrkamp Verlag ihr erster Gedichtband *Scharmützelwetter*.

Susanne Fischer, 1960 in Hamburg geboren, ist Geschäftsführerin der Arno Schmidt Stiftung, »taz«-Kolumnistin und lebt in einem kleinen Dorf bei Celle. Zuletzt erschien im Jahr 2011 der Jugendroman *Der Aufstand der Kinder*.

Kerstin Grether, geboren 1975, lebt in Berlin. Sie ist Schriftstellerin, Sängerin und Popkulturjournalistin. Mit *Zuckerbabys* (2006) schrieb sie einen Roman über Magersucht und Medien, der zum Kultroman des Popfeminismus avancierte. Sie veröffentlichte zahlreiche Artikel und Kolumnen im Feuilleton, in Anthologien und verschiedenen Zeitschriften (u.a. Intro, Spex). Ihre exzentrischen Leseperformances changieren zwischen mutwilligem Ernst und spontanen Stand-up-Comedy-Einlagen.
Zusammen mit ihrer Zwillingsschwester Sandra Grether hat sie 2008 die Anthologie *Madonna und wir. Bekenntnisse* herausgegeben.

Sandra Grether, geboren 1975, lebt in Berlin und ist Musikerin und Rockjournalistin. Arbeitete u.a. für Spex, Intro und VIVA, war Sängerin und Gitarristin von *Parole Trixi*, der ersten »Riot-Girl«-Band Deutschlands, und spielt nun, gemeinsam mit ihrer Zwillingsschwester, in der Band *Doctorella*.
Sie gehört zu den wenigen Menschen aus Baden-Württemberg, die auch an Weihnachten in Berlin bleiben.

Anna Katharina Hahn, 1970 in Ruit (Ostfildern in Baden-Württemberg) geboren, studierte Germanistik, Anglistik und Volkskunde in Hamburg, wohnte einige Jahre in Berlin und lebt heute als Schriftstellerin in Stuttgart. Zuletzt erhielt sie 2010 den Heimito von Doderer-Literaturpreis und den Roswitha-Preis, den ältesten deutschen Frauen-Literaturpreis. Zuletzt erschien im Jahr 2009 der Roman *Kürzere Tage*.
»Wie ein Kaiser«, aus: Frankfurter Allgemeine Zeitung, 24. 12. 2010.

Sibylle Lewitscharoff, 1954 in Stuttgart geboren, lebt in Berlin. Für *Pong* erhielt sie 1998 den Ingeborg-Bachmann-Preis. Weitere Auszeichnungen: Preis der Literaturhäuser (2007), Marie-Luise-Kaschnitz-Preis (2008), Preis der Leipziger Buchmesse für *Apostoloff* (2009), Kleist-Preis, Ricarda-Huch-Preis der Stadt Darmstadt und Marieluise-Fleißer-Preis (alle 2011). Im Sommersemester 2011 hielt Lewitscharoff die Frankfurter Poetik-Vorlesungen an der Johann Wolfgang Goethe-Universität Frankfurt am Main. Zuletzt erschien im Jahr 2011 der Roman *Blumenberg*.
»Flocken«, aus: Die Welt, 24.12.2009.

Andreas Maier, 1967 im hessischen Bad Nauheim geboren, studierte Altphilologie, Germanistik und Philosophie in Frankfurt am Main. Er lebte wechselweise in der Wetterau, in Südtirol und in Frankfurt am Main. Neben zahlreichen

weiteren Auszeichnungen erhielt Maier zuletzt den Robert-Gernhardt-Preis (2009), den Wilhelm-Raabe-Literaturpreis (2010) und den Hugo-Ball-Preis (2011). Zuletzt erschien im Jahr 2010 der Roman *Das Zimmer*.
»Und dann ins Lascaux. Weihnachten, eine Selbstbefragung«, aus: Frankfurter Rundschau, 24.12.2005

Thomas Meinecke, 1955 in Hamburg geboren, ab 1977 in München lebend, war dort von 1978 bis 1986 Mitherausgeber und Redakteur der Avantgarde-Zeitschrift *Mode & Verzweiflung*. Seit 1994 lebt er mit Frau und Tochter in einem oberbayrischen Dorf. 2008 wurde Meinecke mit dem Karl-Sczuka-Preis des SWR für das Hörspiel als Radiokunst ausgezeichnet. Zuletzt erschien im Jahr 2011 der Roman *Lookalikes*.
»Fünfmal werden wir noch wach«, aus: Mit der Kirche ums Dorf. Kurzgeschichten. © Suhrkamp Verlag Frankfurt am Main 1986.

Marion Poschmann, 1969 in Essen geboren, studierte Germanistik, Philosophie und Slawistik. Sie ist Mitglied im P.E.N.-Zentrum Deutschland und lebt in Berlin. Sie erhielt zahlreiche Auszeichnungen, darunter 2011 den Peter-Huchel-Preis und den Ernst-Meister-Preis. Zuletzt erschien im Jahr 2010 der Gedichtband *Geistersehen*.

Doron Rabinovici, 1961 in Tel Aviv geboren, lebt seit 1964 in Wien. Er ist Schriftsteller und Historiker. Er erhielt den Anton-Wildgans-Preis 2010 für sein Gesamtwerk. Zuletzt erschien im Jahr 2010 der Roman *Andernorts*.

Elisabeth Rank, 1984 in Berlin geboren, hat Publizistik, Kommunikationswissenschaft und Europäische Ethnologie studiert. Sie arbeitet als Online Konzeptionerin und freie Autorin in Berlin. Im Jahr 2010 erschien ihr erster Roman *Und im Zweifel für dich selbst*.

Bärbel Reetz, geboren 1942, studierte Germanistik und Anglistik und lebt als Autorin und freie Journalistin in Berlin. Ihre Arbeiten wurden mehrfach mit Preisen ausgezeichnet, u.a. 1994 mit dem Bettina-von-Arnim-Preis für die Erzählung *Virginia oder die Gleichzeitigkeit*. Zuletzt erschien im Jahr 2008 der Roman *Lenins Schwestern*.

Michael Scharang, 1941 in Kapfenberg (Steiermark) geboren, schreibt Romane, Erzählungen, Essays, Hörspiele und Drehbücher. Er lebt in Wien. Zuletzt erschien im Jahr 2010 der Roman *Komödie des Alterns*.
»Der regelmäßige Christbaum«, aus: Süddeutsche Zeitung Nr. 296, Weihnachten, 24./25./26. Dezember 2001.

Clemens J. Setz, 1982 in Graz geboren, studierte Mathematik und Germanistik in Graz. Obertonsänger und Gelegenheitszauberer. Er lebt als freier Schriftsteller in Graz. Für den 2011 erschienenen Erzählungsband *Die Liebe zur Zeit des Mahlstädter Kindes* erhielt er den Preis der Leipziger Buchmesse 2011.

Wolfgang Welt, 1952 in Bochum geboren, war in den achtziger Jahren als freier Musikjournalist für verschiedene Zeitschriften (u. a. Sounds, Musikexpress, Marabo) tätig. 2002 erhielt er ein Hermann-Lenz-Stipendium. Zuletzt erschien im Jahr 2009 der Roman *Doris hilft*.

Gerald Zschorsch, 1951 in Elsterberg im Vogtland geboren, lebt in Frankfurt am Main. Zuletzt erschien im Jahr 2009 der Gedichtband *Zur elften Stunde*.
»Bitte bitte sei nicht tot«, aus: Gerald Zschorsch, Zur elften Stunde. Gedichte. © Suhrkamp Verlag Frankfurt am Main 2009.

suhrkamp taschenbücher
Eine Auswahl

Isabel Allende
- Fortunas Tochter. Roman. Übersetzt von Lieselotte Kolanoske. st 3236. 483 Seiten
- Das Geisterhaus. Übersetzt von Anneliese Botond. st 1676. 501 Seiten
- Paula. Übersetzt von Lieselotte Kolanoske. st 2840. 496 Seiten.
- Porträt in Sepia. Übersetzt von Lieselotte Kolanoske. st 3487. 464 Seiten
- Zorro. Roman. Übersetzt von Svenja Becker. st 3861. 443 Seiten

Ingeborg Bachmann. Malina. Roman. st 641. 362 Seiten

Jurek Becker
- Amanda herzlos. Roman. st 2295. 384 Seiten
- Jakob der Lügner. Roman. st 774. 288 Seiten

Louis Begley
- Lügen in Zeiten des Krieges. Roman. Übersetzt von Christa Krüger. st 2546. 224 Seiten
- Schmidt. Roman. Übersetzt von Christa Krüger. st 3000. 320 Seiten
- Schmidts Bewährung. Roman. Übersetzt von Christa Krüger. st 3436. 314 Seiten

Thomas Bernhard
- Alte Meister. Komödie. st 1553. 310 Seiten
- Holzfällen. st 1523. 336 Seiten
- Ein Lesebuch. Herausgegeben von Raimund Fellinger. st 2158. 365 Seiten
- Wittgensteins Neffe. st 1465. 176 Seiten

NF 266b/1/08.11

Peter Bichsel
- Cherubin Hammer und Cherubin Hammer. st 3165. 110 Seiten
- Kindergeschichten. st 2642. 86 Seiten

Ketil Bjørnstad
- Villa Europa. Roman. Übersetzt von Ina Kronenberger. st 3730. 535 Seiten
- Vindings Spiel. Roman. Übersetzt von Lothar Schneider. st 3891. 346 Seiten

Lily Brett
- Einfach so. Roman. Übersetzt von Anne Lösch. st 3033. 446 Seiten.
- Chuzpe. Übersetzt von Melanie Walz. st 3922. 334 Seiten

Truman Capote. Die Grasharfe. Roman. Übersetzt von Annemarie Seidel und Friedrich Podszus. st 1796. 208 Seiten.

Paul Celan. Die Gedichte. Kommentierte Gesamtausgabe in einem Band. Herausgegeben und kommentiert von Barbara Wiedemann. st 3665. 1000 Seiten

Lizzie Doron. Warum bist du nicht vor dem Krieg gekommen? Übersetzt von Mirjam Pressler. st 3769. 130 Seiten

Marguerite Duras. Der Liebhaber. Übersetzt von Ilma Rakusa. st 1629. 194 Seiten

Hans Magnus Enzensberger
- Der Fliegende Robert. Gedichte, Szenen, Essays. st 1962. 346 Seiten
- Gedichte 1950 – 2010. st 4201. 253 Seiten
- Josefine und ich. Eine Erzählung. st 3924. 147 Seiten

NF 266b/2/08.11

Louise Erdrich
- Der Club der singenden Metzger. Roman. Übersetzt von Renate Orth-Guttmann. st 3750. 503 Seiten
- Die Rübenkönigin. Roman. Übersetzt von Helga Pfetsch. st 3937. 440 Seiten

Laura Esquivel. Bittersüße Schokolade. Roman. Übersetzt von Petra Strien. st 2391. 278 Seiten

Max Frisch
- Homo faber. Ein Bericht. st 354. 208 Seiten
- Mein Name sei Gantenbein. Roman. st 286. 304 Seiten
- Stiller. Roman. st 105. 448 Seiten

Carole L. Glickfeld. Herzweh. Roman. Übersetzt von Charlotte Breuer. st 3541. 448 Seiten

Philippe Grimbert. Ein Geheimnis. Roman. Übersetzt von Holger Fock und Sabine Müller. st 3920. 154 Seiten

Peter Handke
- Kali. Eine Vorwintergeschichte. st 3980. 160 Seiten
- Mein Jahr in der Niemandsbucht. st 3887. 632 Seiten

Marie Hermanson
- Der Mann unter der Treppe. Übersetzt von Regine Elsässer. st 3875. 269 Seiten.
- Muschelstrand. Roman. Übersetzt von Regine Elsässer. st 3390. 304 Seiten.
- Das unbeschriebene Blatt. Roman. Übersetzt von Regine Elsässer. st 3626. 236 Seiten

NF 266b/3/08.11

Hermann Hesse
- Das Glasperlenspiel. Versuch einer Lebensbeschreibung des Magister Ludi Josef Knecht samt Knechts hinterlassenen Schriften. st 2572. 608 Seiten
- Der Steppenwolf. Roman. st 175. 288 Seiten
- Siddhartha. Eine indische Dichtung. st 182. 128 Seiten
- Unterm Rad. Entstehungsgeschichte in Selbstzeugnissen des Autors. st 3883. 325 Seiten

Yasushi Inoue. Das Jagdgewehr. Übersetzt von Oskar Benl. st 2909. 112 Seiten

Uwe Johnson
- Mutmassungen über Jakob. Roman. st 3355. 298 Seiten
- Eine Reise nach Klagenfurt. st 235. 109 Seiten

James Joyce. Ulysses. Roman. Übersetzt von Hans Wollschläger. st 2551. 1008 Seiten

Franz Kafka
- Amerika. Roman. Mit einem Anhang (Fragmente und Nachworte des Herausgebers Max Brod). st 3893. 310 Seiten
- Das Schloß. Roman. st 3825. 423 Seiten. st 2565. 432 Seiten
- Der Prozeß. Roman. st 2837. 288 Seiten

Daniel Kehlmann. Ich und Kaminski. Roman. st 3653. 174 Seiten.

Andreas Maier. Wäldchestag. Roman. st 3381. 315 Seiten

Magnus Mills
- Die Herren der Zäune. Roman. Übersetzt von Katharina Böhmer. st 3383. 216 Seiten
- Indien kann warten. Roman. Übersetzt von Katharina Böhmer. st 3565. 229 Seiten

NF 266b/4/08.11